# 从生活中悟教育智慧

## ——教育隐喻启示录

严育洪 著

中国轻工业出版社

图书在版编目（CIP）数据

从生活中悟教育智慧：教育隐喻启示录／严育洪
著. —北京：中国轻工业出版社，2015.9
ISBN 978-7-5184-0540-4

Ⅰ.①从… Ⅱ.①严… Ⅲ.①教育-通俗读物
Ⅳ.①G4-49

中国版本图书馆CIP数据核字（2015）第176552号

总 策 划：石　铁
策划编辑：吴　红　　　　　　责任终审：杜文勇
责任编辑：吴　红　　　　　　责任监印：刘志颖

出版发行：中国轻工业出版社（北京东长安街6号，邮编：100740）
印　　刷：三河市鑫金马印装有限公司
经　　销：各地新华书店
版　　次：2015年9月第1版第1次印刷
开　　本：710×1000　1/16　印张：16.00
字　　数：150千字
印　　数：1—5000
书　　号：ISBN 978-7-5184-0540-4　　定价：36.00元

读者服务部邮购热线电话：400-698-1619　010-65125990　传真：010-65262933
发行电话：010-65128898　传真：010-85113293
网　　址：http://www.wqedu.com
电子信箱：wanqianedu1998@aliyun.com
如发现图书残缺请直接与我社读者服务部（邮购）联系调换
150767Y1X101ZBW

## 前言

## 教育，你像什么？
——从"教育就像喂鸡"的比喻写起

有一次，陶行知在武汉大学讲学。他不慌不忙地从箱子里拿出一只大公鸡，又掏出一把米放在桌上，然后按住公鸡的头，强迫它吃米。可是大公鸡只叫不吃。他掰开公鸡的嘴，把米硬往它嘴里塞。大公鸡拼命挣扎，还是不肯吃。他轻轻地松开手，把鸡放在桌子上，自己后退了几步，大公鸡却自己吃起米来。这时陶行知开始讲话："我认为，教育就像喂鸡一样。先生强迫学生去学习，把知识硬灌给他，他是不情愿学的。即使学也是食而不化，过不了多久，他还是会把知识还给先生的。但是，如果让他自由地学习，充分发挥他的主观能动性，效果一定好得多！"台下一时间掌声雷动，为陶行知如此的"喻'师'明言"叫好。

有人说，比喻是语言中的盐。倘若忘了放盐，即使是大鱼大肉，也会淡而无味，难以下咽。放了"盐"，也就是说，用了比喻，你说的话就会生动形象，能激起听者丰富的联想，耐人寻味，也耐人回味。更重要的是，比喻可以把错综复杂的事情和艰深难懂的道理阐述得明白透彻，加强人们对事物本质的理解。

最近家喻户晓的"苍蝇老虎一起打"这句话便使用了隐喻这一修辞手法。正是因为比喻用得贴切、准确、形象，所以人们很容易理解其表达的意思。无独有偶，邓小平同志的"不管黑猫白猫，捉住老鼠就是好猫"的隐喻同样要比理论通俗易懂、广为人知。

隐喻的应用范围很广泛，内涵也很丰富。"隐喻"一词源于希腊语的"metaphors"，其前缀"meta"的意思是"超越"，而词根"pherein"的意思是"传送"。因此，隐喻的基本词义就是把一个对象的诸方面"传送"或"转换"到另一个对象上去，以便使第二个对象可以被"说"成第一个对象。教育的隐喻常常被"传送"或"转换"到生活中来解释。

用生活来解释教育，除了比喻的需要之外，更在于教育是生活的一部分，教育之理本身就是生活之理。面对错综复杂的教育事务和艰深晦涩的教育理论，我们可以回到教育的源头，用"教育像什么"的生活比喻来更好地理清教育的头绪、理解教育的本质。有人认为，教育语言由教育术语、教育口号和教育隐喻构成；也有人认为，"隐喻是人类特有的一种文化现象"，教育是一种隐喻行为。由此可见，教育与隐喻分不开，也分不得。

北京师范大学石中英教授在《简论教育学理论中的隐喻》一文中对教育隐喻的本质进行了深刻的剖析。他认为："隐喻在本质上既是一种语言现象，也是一种文化现象。作为语言现象，它是语言的一种表达方式，赋予一个词它本来不具有的含义或者用一个词表达它本来表达不了的含义，是对常规逻辑语言的背离。作为文化现象，它是人们心灵感受和意象的直接表达，传达了一种词语概念内涵以外的文化信息，是一种体验实在的方式、一种思考和生活的方式，是对真理的一种想象性的体现。"由此可见，我们不能简单地把隐喻思维归结为替代或改称，更不能认为它只是一种修辞格，应该充分认识到它是一种非定义的、真正的直接认同。也就是说，教育隐喻在表达上未必都采用"教育像什么"的句式，它也可以是一个实实在在的活动。因此，对教育隐喻的解读从一定意义上说也就是对文化的解读，解读的过程就是作者内心世界传递的过程。

陶行知当校长时，有一天看到一位男同学要用砖头砸另外一位同学，便立即上前制止并将他叫到校长办公室。陶行知回到办公室时，那个犯错误的男同学已经在办公室等他了,陶行知便掏出一颗糖给他,说:"这是奖励你的,因为你比我先到办公室。"接着他又掏出一颗糖,说:"这也是给你的,我不让你打同学,你立即住手了,说明你尊重我。"那个男同学将信将疑地接过第二颗糖。陶行知又说:"据我了解,你打同学是因为他欺负女生,说明你很有正义感,我再奖励你一颗糖。"这时,男孩感动得哭了,说:"校长,我错了,同学再不对,我也不该采取这种方式。"陶行知于是又掏出一颗糖说:"你已认错,我再奖励你一块。我的糖发完了,我们的谈话也结束了。"这也是一个典型的隐喻式教育的案例,谈话之中没有出现"像什么"的词语,但我们内心可以隐约地感受到"三颗糖"所代表的不同含义。在旁人的眼里,它只是三颗糖——"甜在嘴里",但在孩子的心中,它不只是三颗糖——"甜在心里"。从这个实例中我们可以看出隐喻式教育的力量,对学生来说,这样的教育方式具有新鲜感,更容易接受。

亚里士多德给予隐喻高度评价,他说:"常规的词语只能传达我们已知的东西,而正是通过隐喻,我们才能更好地把握新鲜的事物。"由此可以看出,隐喻还可以产生"新鲜"感,让我们认识到常规的词语所传达的"我们已知的东西"之外的内容。教育的隐喻不仅在于话语本身的含义,更在于语言背后的理解,其"话外之音"或"言外之意"蕴含着丰富的教育意蕴。隐喻的这种特质使其广泛地运用在教育领域。

本书意在告诉读者:如果想要理解"教育是什么",有一种解读方式是思考"教育像什么",而"教育像什么"常常与我们的生活关联。

搜索一下,关于"教育像什么"的隐喻有很多说法,例如"教育即塑造",这一隐喻把生活中的塑造与教育等同起来,生动地展现了对教育的理解——教育是通过外在塑造的方法培养人的活动,环境及教育者的作用非常明显。又如,卢梭、杜威等人主张"教育即生长",也就是说,要使每个人的天性和与生俱来的能力健康成长,要使每个受教育者都自然、健康、快乐地成长,而教师便是"园丁",是"浇水者"、"施肥者"，并不实质性地参与生长过程。教育的隐喻还有夸美纽斯的"种子"、洛克的"白板"、怀特海的"树、林"，等等，人们以自己喜爱或擅长的方式，用特有的词语或句子充分表达自己关于教育的种种想法和领悟。

在我国，与"教育即生长"相类似的比较著名的教育隐喻有叶圣陶所说的"教育是农业而不是工业"。这一隐喻把教育的生命色彩凸显出来，"尊重生命"被提到教育的首位，比起将教育与塑造、雕刻等同的提法，这样的隐喻无疑是一大进步。

本书意在告诉读者：教育的隐喻既可以带给人一种源自内心的感召力量，也可以展示教育视域的丰富多彩。通过解读隐喻，努力寻求隐喻的潜在意义，可以对教育进行更深入的思考，从生活中悟到教育的智慧。

隐喻是一种诗化的表达活动，融合了许多感性的因素和文化的内涵，超越了理性语言的冰冷，穿越了时空的限制，使教育活动的生命化和教育研究的人性化得到充分凸显。教育的隐喻也是内隐教育观念的一种流露，可以借助比喻的方式把个人关于教育的理解和体验展示出来。

本书解读的教育隐喻只是笔者的一孔之见和一家之言，虽然笔者尽力将前人对教育的隐喻式理解做了更大范围的延伸，寻找了更多的教育形象或教育意象，以期能够带给读者更多的教育启示和更深的教育思考，但因为教育与生活息息相关，生活是生动的、开放的、多样的，教育隐喻的主体表达也具有极大的生动性、开放性、多样性，再加上笔者对教育的理解有限，因此论述中可能有不当之处，恳请读者批评指正。请把你的意见和建议发到我的电子邮箱13861472533@139.com，谢谢！

严育洪
2014年年底于无锡

# 目　录
## contents

## 第一部分　生活事件对教育的启示

### 一、"开车"对教育的启示
　　——怎样更好地"走"育人之路？……………………………………3

【喻"师"明言】

　　教师如教练，不仅需要对学生耐心，而且需要对学生放心；学习如学车，不仅需要时间的磨合，而且需要机会的磨炼。

### 二、"抚摸"对教育的启示
　　——教师和学生该有怎样的"肢体接触"？……………………………16

【喻"师"明言】

　　摸头、拍肩、牵手、拥抱，是一种肢体接触，也是一种肢体语言，更是一种情感交流，如此"促膝"谈心或许能谈得更好。

### 三、"点燃"对教育的启示
　　——如何能让学生拥有自己的新思想？…………………………………30

【喻"师"明言】

　　学生不仅要有"真知"，还要有"灼见"：首先要有闯劲，敢于问别人不敢问的问题；其次要有创劲，善于想别人不善想的问题。

## 四、"种树"对教育的启示
——好学之才与学好之材是怎样长成的？ ……………………45

【喻"师"明言】

教书，应按知识的生长规律办事；育人，应按学生的成长规律办事。唯此，教师才能教好书、育好人、办好事。

## 五、"推销"对教育的启示
——怎样让学生心甘情愿地接受任务？ ……………………61

【喻"师"明言】

要让学习活动"生意兴隆"，首先要让学习符合"生"意——学生的意愿，然后要让活动具有"生"意——生活的用意。

## 六、"美食"对教育的启示
——一堂课怎样上得"有滋有味"？ ……………………77

【喻"师"明言】

一节美好的课应有这样的"滋味"：上出趣味，滋润学生的天性；上出意味，滋补学生的悟性；上出回味，滋养学生的记性。

## 七、"游戏"对教育的启示
——课堂上如何使学生成为"学习控"？ ……………………90

【喻"师"明言】

学生如果能像玩游戏那样学，必定学得好。教师的最高教学水平和最高教学境界是能像玩游戏那样教，这样必定教得好。

## 八、"旅行"对教育的启示

——如何让学生在知识风景中"修学旅行"？ ················105

【喻"师"明言】

　　教学是一段旅程。进程让学生明确，行程让学生设计，过程让学生体验。教师应做好学生"自助游"学习的"导"师。

# 第二部分　生活事物对教育的启示

## 九、"阳光"对教育的启示

——教师拿什么致学生正在驶去的青春？ ················123

【喻"师"明言】

　　"阳光教育"，才能让学生的生命充满希望；"阳光教师"，才能让学生的心底充满温暖；"阳光教学"，才能让学生的思想充满智慧。

## 十、"模特"对教育的启示

——教师如何展示自己的"人身"魅力？ ················137

【喻"师"明言】

　　教师身为教育人，整个人生都应该毫不犹豫地奉献给学生的"成"人教育，整个人身都应该毫不保留地贡献给学生的知"识"教学。

## 十一、"鲶鱼"对教育的启示

——怎样能够搅动学校这"一池春水"？·················150

**【喻"师"明言】**

教师的教学生活和学生的学习生活如果长期处于平常、平静、平稳、平淡、平安的局面，教师和学生可能会平凡甚至平庸。

## 十二、"音乐"对教育的启示

——如何让学生在"有声"中学得"有色"？·················164

**【喻"师"明言】**

用旋律唱响的课堂，学生必定"喜闻"，以更好地"表情"；用歌词唱出的知识，学生必定"乐见"，以更好地"达意"。

## 十三、"影视"对教育的启示

——用什么可以有效提高课堂"收视率"？·················177

**【喻"师"明言】**

根据观看影视剧的喜好类型，可以判断一个人的教育面貌；善于利用影视剧的美好元素，可以改变一节课的教学面貌。

## 十四、"诗歌"对教育的启示

——教学的线索如何自然地联结成章？·················190

**【喻"师"明言】**

"起承转合"放到教学之中，既可以是一条知识的生长线，也可以是一条知识的情感线，还可以是一条知识的连接线。

## 十五、"故事"对教育的启示

——课堂可否多一些学生的惊叹声？ ················208

【喻"师"明言】

课堂上除了读书声、讨论声、欢笑声，还应该多一些惊叹声，让学生感叹于知识的神秘，让学生惊讶于知识的神奇。

## 十六、"国画"对教育的启示

——教学怎样勾画得"言简意赅"？ ················224

【喻"师"明言】

在构思教学画卷时，立意要"高瞻远瞩"，教学才会更有意义；写意要"简洁凝练"，教学才会更有意蕴。

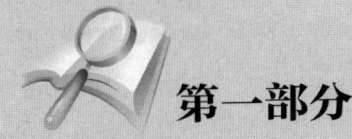

# 第一部分

## 生活事件对教育的启示

# 一、"开车"对教育的启示

## ——怎样更好地"走"育人之路？

有一年的中央电视台春节文艺晚会上有一个小品，叫作"换位思考"——警察与的哥换位、儿子与爸爸换位。易位而处的体验促进了沟通、加深了理解，也增进了情感。总的来说，换换位置，真切体验对方的苦衷，对换位者来说是一次极好的教育。

在学校教育教学中，我们也提倡教师与学生换位思考，例如在与学生谈心时，想一想学生会怎么想；又如在设计教学方案时，想一想学生会怎么想，这样才能理解学生的感受和思考过程。然而，这样的提倡常常会落空，教师要么不同意，要么不愿意把自己放到学生的位置，在许多场合只是装模作样、装腔作势，嘴上唱唱，纸上写写，课上做的和心里想的依然是唯我独尊。

那么，教师为什么难以换位思考呢？因为这样的换位常常只是一种假设和虚拟，教师还是教师，学生还是学生。俗话说得好，在其位谋其政。教师唯有真正做了"学生"，才会真正去想学生的事情。我想说，到驾校学开车是非常好的能够让教师进行换位思考的机会，此时教师真的成了学生，教练的教学态度和教学方法可以让教师设身处地地联想到自己，从中得到的思想教育、思想启示和思想转变，或许要比领导或专家在台上大讲特讲"教师应该怎样做"深刻得多。我曾经看到一篇题为"司机与行人，'屁股决定脑袋'的最佳诠释"的文章——

买车之前，我每次过马路都牢骚满腹，只觉得那些司机实在是横行霸道，蛮不讲理。路面只有数米宽，我腿脚又快，他们只要一脚刹车缓行，我三五步就窜到对面去了，几秒钟的事儿。可他们却偏偏不肯行这个方便，从来不减速，非要跟我差点酿成一起车祸，才一个急刹车停下来，同时伴随着大喇叭响和骂骂咧咧。尤其是在没有红绿灯的小路口，那些车子首尾相接，前后不断，往往过一次马路就得花五六分钟。每到这个时候，我就对这些司机的素质感到痛心疾首，心想：多大点事儿啊，礼让行人你懂不懂啊？

后来自己买了辆车，握着方向盘开在路上，我对那些在视野里来回乱窜的行人真是烦透了。也不知道这些家伙哪儿来的那么多急事，连一分钟都等不得。人行道前头禁止通行的红灯明明已经亮起，他们却浑然不觉，义无反顾地把自己有限的生命投入到无限的车流中来，或陡然加速，或长时间伫立，在高速移动的钢铁怪物之间拼命寻找空隙，脸上永远都是一副心安理得的样子。他们从来不看任何交通标识，也不畏惧任何吨位的车辆，逮空就钻，可以在任何时间出现在车子的任何角度，让人防不胜防。以至我每次启动车子，都神经质一样地左顾右盼。自从有了车以后，我从一个牢骚满腹的行人变成了一个牢骚满腹的司机。

……

"屁股决定脑袋"，如果放到教育中诠释，就是教师的屁股坐在哪里就决定了教师的想法和做法如何。如果教师永远坐在教师的宝座上，那么他就永远明白不了学生的想法；如果教师能够坐在学生的板凳上，那么他就能够理解学生的喜怒哀乐。正如上述案例中开车的人和行人的想法不一样，教师如果把自己放到学生的位置，其想法也可能与以前不一样。换位思考可以有两种想法：一是想一想"我的学生会怎样"，二是想一想"如果我是学生会怎样"。这样的思考就是把学生看成教学的主体。

日本驾校很注重开车人与行人的换位思考，无论是掌握驾驶技能还是学习交通法规，教练们都反复强调这样一个理念：要时时处处考虑行人的利益。驾车时是司机，下车后就是行路者。要学会换位思考，"己所不欲，勿施于人"。关爱和保护弱者是行车安全的根本保证。可能得益于学车阶段的人性化教育，日本的有车一族似乎格外懂得尊重生命。比如许多人都认为，如果司机因开车造成人身事故，即使能够支付高额赔偿，也难免会背上沉重的心灵"债务"，会一生良心不安，所以开车时必须慎之又慎。

　　换位思考有助于我们做好事情，开车如此，教育也不例外。教师只有坐到学生的位置上，确定教育方向、教育方法和教育方案时，教育这辆列车才能行驶在正常的轨道上，不出事故，只有故事。

## （一）学车与"蛮教育"

### 1. 教师"教"的态度

　　有人说，现代人一定要掌握两种本领：一是使用计算机，二是开车。在现代生活中，许多人都学了开车，有人感到学车是一件痛苦的事情，而有人则觉得学车是一件快乐的事情，痛苦与快乐与否，诚然与自己的学习能力有关，但更与教练的教学态度有关。

**（1）教师对学困生的态度**

　　下面是一位学车"后进生"的学车遭遇，其对教师改变对"后进生"的看法有一定的思想启示。

　　我以为学车是一件毫不费力的事情，然而，在打开车门的一刹那，我才发现自己真不是一块学车的料。虽然，师傅讲解的时候我总是听得最专注，有难点的地方我总会在休息时用笔记下来，但遗憾的是，我的车感糟糕得令人无法想象。考试前两天，我依然不能顺利地完成倒桩。师傅为有我这样的学生而感到万分恼火。每当我做错的时候，他都会用脚使劲地踢着车轮，大声吼道："你的脑子进水了吗？重来！"这使原本就茫然不知所措的我更加慌乱。我真不知道自己错在了哪里，只能硬着头皮重来。结果，引来的是师傅更加恼怒的责骂……

从此，学车就像一场我不得不面对的噩梦。我从来没有如此真切地怀疑过自己的能力。每天清晨，当我睁开眼睛的时候，就开始生出一种莫名的恐惧感；当我坐上车握住方向盘的时候，我的心就开始不停地打颤……

终于，在某一天的早晨，我仅存的一点勇气和坚持被师傅的蔑视打击得全面溃散。师傅在给学员报考的时候，连机会都不肯再给我。无奈中我鼓起勇气说："师傅，我可以继续报名吗？"师傅斜了我一眼，冷漠地说："你开得猫不像猫，狗不像狗，我怎么给你报名啊？"那天回家后我大哭了一场，我感觉到了从来没有过的悲伤。我真的不想学车了！[①]

看到这里，我联想到被我们称为"后进生"的孩子们。当孩子们跨进校园的时候，哪一个不是怀着期待与梦想？但事实上，孩子们的能力从站在这个起跑线上开始就有了差异。对于那些能力稍弱的孩子的梦想，我们给予微笑和鼓励了吗？当那些孩子在听完讲解后茫然不解的时候，我们给予耐心并教给他们方法了吗？当那些孩子对学习几近失去勇气的时候，我们呵护他们的自尊了吗？或许只有身处学车的境地，我们才会真切地感受到这些"后进生"的处境。他们并不像表面上所看到的那样不求上进。最初，他们也有进取的心，他们的意志甚至比其他人坚

---

① 秦晓燕. 学车琐记［J］. 小学德育，2010（20）. 有改动。

定，学习上一次又一次地失败后，依然每天勇敢地走进学校的大门。如果我们教师能够这样想，怎么会忍心用带有伤害性的语言去挫伤他们，又怎么忍心不用最包容、最真诚的爱心去支持他们、鼓励他们、帮助他们呢？哪怕收获微乎其微，我们也要坚持，因为在校园里，我们是唯一可以给予他们助力的人！

**（2）教师对学优生的态度**

如果是一个不笨的人遇到态度不好的教练，结果会怎样呢？

有一位女士并不笨，第一天上车，她并不紧张，心想：我没开过车还没坐过车？！谁知第二天，在两个同伴被教练训了之后，她也变得惊慌失措，手握方向盘，脚踏离合器，身体僵硬，左右不分，手脚不灵，一个猛冲，直入黄线。巧的是，这位女士是一位教师，她对此育人之道痛心疾首，于是发誓：从今以后，决不责骂学生，永不以体罚伤害学生。

在教学中，许多人认为课堂生活中最难过的人是那些表现不好或成绩不好的"后进生"，因为他们经常遭到老师的批评、训斥甚至体罚。其实，教师在批评、训斥甚至体罚这些自己不喜欢的学生时，也会深深波及坐在一旁和坐在一室里的那些自己喜欢的好学生。要知道，你的这些得意门生也可能如那位学车的女士一样，在以后的学习中会担惊受怕，担心自己犯错误会招来老师的批评，更严重的是可能会惊慌失措，在接下来的学习中难以做到沉着冷静。

另外，教师动不动就发火的蛮横形象也会影响到学生对老师的印象。我曾经听到这样一个笑话，一个学生有一天对老师说，她将来也要当老师，她的老师听了很感动，就问她为什么，她说："当老师好啊！心里窝了火有地方撒。"

## 2. 学生"学"的位置

那么,对学车而言,好的教练是怎样的呢?下面这位教练的做法或许可以告诉我们"什么是教练"以及"什么是好教练"。

前段时间,我报名学习汽车驾驶。上车前,我认真阅读了相关书籍,并上网查阅了大量的有关驾驶技术方面的资料,教练也点明了驾驶要领(如左踩、右挂、指挥灯、喇叭……)以及应注意的问题。然而,当真正要上车时,我心里还是慌得很。坐在驾驶座上,我的脑中一片空白,怎么办?"放开胆量,练几次就好了。有我在,不要怕!"教练的话使我的心情放松了许多。

按照操作要领,我的手脚极不协调地忙碌起来,在教练不停的鼓励下,我的胆子逐渐大了起来,而教练在副驾驶的座位上胸有成竹,掌控自如。之后,我几次上车,反复体会,那些新来的领悟总是透着丝丝甜意驱使我再试一次、再试一次,而教练说的话却越来越少,只是偶尔说上一句"加档""提速"……正是反复的上车练习,使我逐步掌握了技能,获得了成功感。

接下来的几天,教练一直夸我"当老师的领悟得就是快""学物理的操作能力就是强",夸得我心花怒放,感觉自己好像有开车的天赋一样。每次刚下课我就又盼着去教练场。学车太有意思了!①

上述学车方法可以让我们联想到课堂上的师生定位问题。鼓励和信任的力量是无穷的,放手让一窍不通的学员上车驾驶——这本身就是教

---

① 钟兆胜. 由学习汽车驾驶想到的——学车的经历启示我再读课堂[J]. 中小学管理,2006(S1). 有改动。

练的莫大信任，鼓励可以让学员树立信心，在一次又一次的练习中凭借自己的领悟能力不断掌握驾驶技能，成功感也会油然而生。

学员上车驾驶，教练"保驾导航"，这种教学关系的本质体现就是"学为主体"——学员学到过硬的驾驶本领才是最终目标。教练指点要领，在副驾驶座保驾，而要开动车靠的只能是学员自己。试想，假如学员坐在"副驾驶座"上只是用心思考、揣摩，而没有机会动手操作，其学习结果如何呢？反思我们的日常课堂，"教"与"学"的定位真正落实了吗？有的是主、副"驾驶座"的错位，有的仅仅是在公开课时由学生坐一坐"主座"，"学生为本"的理念并没有真正得到内化。

电视剧《潜伏》中有一句经典台词："有一种胜利叫撤退，有一种失败叫占领。"引用到教学的主阵地——课堂上来说，如果教师占领了学生的学习空间，就是一种失败；如果教师能够从学生的学习领地撤退，就是一种胜利。虽然教师让位和撤退以后，学生在自主学习中容易犯错，但我们应该知道，技能是没法告诉的，经验也不是能手把手地教的，最好的方式是在学生犯错后再点醒，这样学生才会彻底明白是怎么一回事，才不会再犯错。有些错误总是要犯的，犯得越早，损失就越小。

在课堂上，我们总是能够看到这样一种类似孟郊的《游子吟》（"慈母手中线，游子身上衣。临行密密缝，意恐迟迟归"）的景象：游子是那群身不由己的学生，慈母便是那位勤劳的教师。那条线我觉得似乎是一根绳子，它让我想起"为何团团转？皆因绳未断"的禅学故事。我们往往习惯了在新授前先复习，在学生探究前先铺垫，在学生操作前先示范，在学生解题前先帮助其审题，在学生容易犯错的地方先打预防针……离开了教师，学生常常手足无措、一筹莫展。学习本来是充满了探险的精神之旅。可是，慈母的"好心"遮蔽了游子头顶的蓝天，慈母的"好意"束缚了游子前进的脚步，游子被"育"成了总是"飞也飞不高的小鸟"。

我们知道"娘勤儿女懒"的古训，但我们唯恐对不住自己"教"的职责。开车毕竟只是一种技能，不太需要创造力，只要培养出合格的司机就行了。但是，如果我们教师不肯积极地"偷懒"，那一定是个灾难！因为我们需要培养的是创新型人才。北京师范大学于丹教授指出："其实，每一个孩子都是天才，我们的教育往往是一个把天才变成蠢才的过程。"那么，这该责怪谁呢？只能责怪教师太勤快。

陶行知先生在《教育与科学方法》一文中曾经指出："现在的教育有两种：一如一个新学生坐在洋车上，叫车夫拉着拼命跑几十里路，结果自然是学生逸、车夫苦，但让学生自己再回来恐怕还是不能；二如一去不坐车，不认识路就问警察，自然是辛苦一点儿，但到回来时，包管还是能回来的。"看来，要做一个优秀的教师，就要学会"偷懒"。那么怎么"偷懒"呢？教师要相信"纸上得来终觉浅，绝知此事要躬行"的道理，学习本来像呼吸一样自然，学生是天生的学习者，正如《学记》中所说"善学者，师逸而功倍，又从而庸之"，要相信"给学生一片天空，精彩用一生回味"。

俗话说"眼经不如手经，手经不如常拨弄"。学车的经历给我们的启示还有一个"练"字。何谓"教练"？我的理解是"教"在教师，"练"在学生，"教"离不开"练"。作为教练，不能只"教"不"练"。教师也是如此，不能只做"教"师，教学时千万别忘了学生的"练"。

## （二）开车与"慢教育"

曾经看到童话大王郑渊洁写的一篇题为"庆幸自己早出生"的文章，其中思想的觉悟和思想的转变是从开车的生活体验开始的——

看到今天的孩子从没上学开始就会很多技能，弹琴、唱歌、书法、背古诗，我就打心眼里羡慕他们，甚至埋怨父母将我生早了。倘若我是

2000年后出生该多好啊，我幸福得能上多少培训班？英语、音乐、奥数、电脑，等等，家里来了客人，我张口就能将唐诗三百首倒背如流，为父母脸上平添无数光芒。

回想我的儿时，除了撒尿和泥巴，什么也不会。说来惭愧，骆宾王的《咏鹅》我到40多岁才知道，英语的26个字母至今不能认全。假如我小时候像今天的孩子那样什么都会，恐怕诺贝尔文学奖早被我拿得都懒得拿了。

有些事并非我想的那么简单。我曾经在开一辆新车时，让车速经常保持在每小时120公里，后来，汽车进入中年时，速度反而跟不上了。专家告诉我，新车初驶时要中速行驶进行磨合，这样，它在中青年时才能高速行进。如果在汽车的儿时就提速，它到了中青年就跑不动了。

童年其实有点像汽车的初驶。现在我庆幸父母早生了我，如果我在4岁时就被逼着背《咏鹅》，今天还能写出千万字的作品吗？答案不乐观。

## 1. 孩子的成长是"慢"的

我们常常会听到这样一句话——"别让孩子输在起跑线上"，对孩子要从小培养，似乎是越早培养越好。然而，事实并不如此，专家曾经指出有许多事对孩子来讲是"不宜过早"尝试的。

### （1）不宜过早学步

人们一直存在一个认识误区：认为幼儿学步越早越好。确实有许多婴儿在1周岁前就能蹒跚上路，国外甚至还有6个月的婴儿学步成功的纪录。但根据国外眼科专家的一项新研究，不满周岁的婴儿，学爬比学走更合适。原来，婴儿刚出生时都是近视眼，这种情形将持续到孩子1周岁以后。爬行是宝宝视觉系统健康发育必不可少的关键阶段。故专家建议：未满1周岁的婴儿，宜学爬，不宜学走，否则较易造成儿童视力发育障碍。如今小学生中"小眼镜"越来越多,原因错综复杂,而婴儿过早地学步可能是重要因素之一。其次,太小的宝宝平衡能力和肌肉力量都尚差,学步时跌跤甚至受伤的可能性会增加,由此引发的强烈"挫折感"往往让不足周岁的宝宝难以承受,很可能出现不安、紧张情绪,这对宝宝的心理健康十分不利。

### (2) 不宜过早写字

为了培育"神童",一些家长很早就教孩子写字。实际上,从幼儿的生理、心理发展来说,幼儿期儿童的神经抑制机能还很差,并不能过久地控制自己的行动、从事过分细致的作业活动或保持长久的注意力。在知觉方面,他们常常表现出不精确的特点,较难区别外形相似的文字;在空间方位方面,他们没有足够的能力掌握左右方位的相对性和感知角度的概念;在手的运动感觉方面,幼儿手部关节的骨化过程还没有完成,手部肌肉的力量也很差,不能胜任需要持久用力的书写动作;再说幼儿的手、眼、脑的协调能力也差,他们写字时,眼睛往往追随着笔尖,为了能看到笔尖的动作,他们不得不歪着身子、侧着脑袋,并尽量使右侧的肩、肘、腕向前。因此,过早地要求幼儿以正确的姿势和笔顺(从左到右、从上到下)书写文字特别是汉字,不仅会使孩子力不从心,还增加了他们罹患近视的危险。专家建议,在孩子5周岁之前,原则上不宜教其写字,更不宜给孩子定下写字的任务指标。

### (3) 不宜过早背古诗

在家长的压力或鼓励下,不少孩子会背诵多首古诗。颇感得意的家长还会不时让孩子当众表演。殊不知年幼的孩子根本无法理解古诗中的深刻含义,这种"背诵"无异于鹦鹉学舌,对孩子的语言学习和文化修养提高都没有任何实际意义。让孩子背诵一些他能理解的、发音也简单的儿歌,在培养孩子的理解能力、语言能力等方面,其效果一定比背诵

一、"开车"对教育的启示

古诗好得多。

**（4）不宜过早听"大道理"**

跟两岁的宝宝讲"大道理"无异于对牛弹琴。因为他们还没有足够的智商和情商去理解别人的需要和欲望，也不会合理地抑制自己的需要和欲望。例如，当家长发现宝宝跟其他孩子争抢玩具时，应给宝宝足够的尊重，千万不要用"自私""小气"这样的字眼来教训宝宝。你得"默认"孩子的"自私"或"小气"，再在合适的时候通过游戏等方式帮助孩子尽可能地克服忌妒并学会与别人合作和分享。又如，许多老师在一年级数学课上总喜欢问为什么，实际上有些"大道理"学生限于当时的知识经验未必能弄懂，以后随着年级的升高和知识的增长，学生自然而然会慢慢理解其中的深意。

**（5）不宜过早接受专业运动训练**

家长都望子成龙，有些人喜欢早早地将幼童送去接受专业的运动训练。美国儿科医生协会的专家研究发现，这种做法无异于"揠苗助长"，可能会对孩子的身心造成严重伤害，比如造成肌肉或韧带拉伤、骨骼受伤、食欲缺乏、情绪异常、女孩初潮提前、自负或自卑，等等。实际上，学龄前儿童一般都看不出有何种体育才能或兴趣。不妨等孩子长到十二三岁时，在其自愿的基础上，再鼓励其选择感兴趣的项目进行训练。

"我的手很小，请不要往上面放太多的东西。"这是美国向孩子征集"儿童给大人的忠告"时入选的第一句话。爱孩子，请从解放孩子做起。

## 2. 学生的学习是"慢"的

人一生的时间很长，我们应该让孩子慢慢成长，这样才是真正的自己成长。与人的一生相比，孩子的学校生活时间短得多，学业成绩的

"试比高"甚至"势比高"往往使教师急功近利、鼠目寸光。与学生的在校时间相比，一节课时间更短，尤其考验教师的耐心，也就是说，从一节课的表现更能够看出教师是否具有足够的耐心以及是否具有长远的眼光。

在现实课堂中，教师等不及甚至等不得学生慢慢思考、慢慢表达、慢慢体悟、慢慢消化、慢慢成长的情况屡见不鲜：教师刚一提问，就要求学生马上回答并且要答好；例题刚一学完，就要求学生马上解题并且能够做好；单元教学刚一结束，就要求学生马上考试并且能够考好。教育同样如此，许多教师今天刚与学生"面对面"，就想着明天能够与学生"心贴心"。其实，教育的事情最急不得，常常不能立马生效，需要慢慢来，因为教育的事情最复杂，也最烦琐。

平常的一节课都有一定的教学目标，这些目标的实现成了一节课必须完成的教学任务，也成了判断一节课好坏的指标，教师常常用这一相同的、固定的标准"尺子"去衡量每一个学生，哪怕有一点不达标，教师就认定这个学生不合格，必须马上通过补课等方式让其达到这一教学目标。例如，低年级数学教材中的"凑十法"，有些孩子特别是所谓的"后进生"常常一时半会儿体会不到它的优越性，也掌握不了它复杂的思考程序，此时教师就应该学会等待，等待下一节课甚至几节课之后，让这些学生在不断"磨合"中慢慢领悟、慢慢接受、慢慢掌握。有时，只有当知识慢慢"水落"之后才能体会到方法的"石出"，此时教师的教与学生的学才会合拍，教学目标才能实现。

我们应该明白，许多核心知识需要经过一段时间甚至一生的持续发酵才能被学生知"识"，许多教学效果需要经过一段时间甚至一生的持续发生才能对学生有效"果"。在这一过程中，教师切忌强行要求全体学生在同一时间、同一阶段达到同一目标、同一层次，因为"强扭的瓜不甜"，甚至强扭的瓜不熟。

最后，我想说，时间本身就是最有耐心的老师，时间本身就是一种最有效率的教学。教师应该向时间学习，学会"慢"教育，让孩子慢慢成长。

有人这样谈人与车的相似之处："一个人应该具有三种素质：激情、谦虚、执着。就像一辆车，激情和执着是油门，谦虚就是刹车。"

> **翰"师"明言**
>
> 教师如教练，不仅需要对学生耐心，而且需要对学生放心；学习如学车，不仅需要时间的磨合，而且需要机会的磨炼。

# 二、"抚摩"对教育的启示

——教师和学生该有怎样的"肢体接触"？

抚摩是人人都会的一个最简单的肢体动作，常常灌注着一个人满腔的爱情、热情和柔情。它不需要什么成本，只需要自己心中有情和爱。

## （一）"抚摩"的理由只有一种

人从胎儿时起到寿终，就一直接受着抚摩，抚摩是人们生活中必不可少的一种重要活动，也是新兴的一种以情感传递为主的健身方法。

当胎儿在妈妈腹中乱踢乱动的时候，妈妈只要轻柔地抚摩胎宝宝，胎宝宝就会慢慢地平静下来，而且经常受到抚摩的胎宝宝出生后的爬、坐、走等大运动的发育都会明显提前。

孩子出生后同样离不开母亲的抚摩。当孩子受到惊吓、委屈或情绪激动的时候，师长只要和蔼地抚摩他的头或小手，孩子的精神就会放松，心情也会平静下来。童年缺乏母爱的美国心理学家哈洛在恒河猴身上发现人类身上的爱的秘密。恒河猴的基因和人类非常相似，它们的基本需求、对外界刺激所做出的一些反应与人类的婴儿如出一辙。哈洛制作了两只"母猴"：一只母猴的外表由铁丝网制成，腹部上方还有铜制的"乳头"，上面有个小洞，方便奶水流出；而另一只母猴由厚纸筒套

## 二、"抚摸"对教育的启示

上绒毛布巾制成，体内还安装了一个灯泡。实验开始了，哈洛把一群刚出生的恒河猴放进笼子里，刚开始时，它们一边尖叫，一边撞击着笼子，情绪极不稳定。几天后，幼猴知道母亲不会出现了，便把感情转移到绒毛母猴身上：它们会趴在它胸前，用身体蹭它，抚摸它的脸，轻咬它的身体。当然，如果幼猴肚子饿了，会离开绒毛母猴，来到铁丝母猴面前，吮吸乳汁，吃完后再迅速回到绒毛母猴的怀抱。

是什么使幼猴不约而同地做出了这样的选择呢？哈洛认为，这是因为绒毛母猴能够提供接触安慰而铁丝母猴不能。虽然肢体接触是影响感情的重要因素，但是我们想不到的是肢体接触竟然可以凌驾于生理需求之上。哈洛由此得出结论：爱源自接触而非食物。母亲总有一天不再分泌乳汁，但孩子还是会爱着母亲，因为他们的脑海里还有被爱的记忆。每一次亲子互动都源自幼时感受到的温柔抚触。现在，哈洛的观点已经得到了各领域的广泛认同。在妇产医院里都会有专人负责抱婴儿，事实也证明：如果没有肌肤的接触，婴儿几乎活不过六个月；否则，即使勉强活过了，以后也会反应迟钝，常做噩梦。有人说，即使母亲没有奶，也应该把孩子紧紧抱在胸前，让他接近乳房，再给他奶瓶。

即使长大了，我们也依然离不开抚摸。当我们累得腰酸背痛的时候，轻柔而有规律的抚摸，可以让疲惫跑得无影无踪。常坐在办公室里的人如经常抚摸自己的耳朵，可起到强肾健身的作用，还能治疗头痛、头晕、神经衰弱、耳鸣等疾病。除此之外，抚摸还有着更神奇的疗效，曾经有深度昏迷的患者，经医师或亲人在四肢和额头上不断抚摸，竟奇迹般地"起死回生"。

瑞典研究人员在美国《神经学杂志》上发表研究报告说，人被抚摸时能感受到愉悦，是因为皮肤下负责触觉的神经纤维——C纤维会做出反应。从医学上看，皮肤是人体最大的器官，除了具有调节体温、呼吸、排泄的作用之外，还有接受刺激、表达情绪、与外界保持接触和联系等作用。在一片5分硬币大小的皮肤上，就有25米长的神经纤维和

1000多个神经末梢。医学专家把皮肤称作"脑的延伸",这是因为皮肤和大脑是同一胚胎组织发育的。他们发现,皮肤不仅能向外界展示人体内器官的生理状况,而且能反映人的心理状况。从某种意义上说,皮肤就是人心灵书写的窗口。

有一种饥饿,它天生存在而又鲜为人知:不管吃了多少食物,也不会感到满足。这种饥饿就是人们对抚摸的要求。确切地说,它是一种"皮肤饥饿"。因此,家长和教师应该少动口、多动手,多摸摸孩子的头,多拍拍孩子的肩,多牵牵孩子的手,多抱抱孩子。在很多情况下,动手的教育效果要胜过动口,因为在平时的教育中,学生常常听觉疲劳而触觉饥饿,这也是另一种意义上的"身教"。

研究还发现,抚摸的力度、温度和速度都会影响被抚摸者的感受。当抚摸接触的温度为体温、速度为每秒1~10厘米时,C纤维的反应最强烈,此时被抚摸者也感觉最舒服。研究人员罗谢尔·阿克利指出,人和人之间的皮肤接触能够带给人愉悦感和安全感,因此能增进感情,父母对新生儿的抚摸更能刺激婴儿神经系统的发育。

我们常说,要做一个好老师,首先要做一位好母亲;要做一个好老师,必须要像一位好母亲。在学校里,教师应该发挥抚摸潜在的教育价值,抚慰学生的心灵,因为孩子在学校里更容易"皮肤饥饿"。

芝加哥一所初中的学生学习《世界七大奇迹》一课。在结束时,老师让学生列出他们认为的世界七大奇迹:①埃及大金字塔;②印度泰姬陵;③亚利桑那州大峡谷;④巴拿马运河;⑤帝国大厦;⑥圣彼得大教堂;⑦中国万里长城。而有一个安静的女孩认为世界七大奇迹是:①抚摸;②品尝;③观看;④倾听;⑤感受;⑥欢笑;⑦爱。

无疑,这位女生的答案偏离了教学的主题,但她勇敢地道出了在学习生活中学生非常渴望拥有而又最缺少的东西。从中我们可以发现,学生最需要的东西也是生活中最常见、最简单、最普通的东西,而最容易被教师忽略的东西,往往就是教师难以坚持的东西。"抚摸"被排在了第一位，可见其存在的重要性和稀缺性。这个学生所说的"抚摩"，应该包括生生之间的抚摩和师生之间的抚摩，其中，后者更为稀缺。

孩子进入学校、进入班级后，与原来待在家的区别是，他进入了一个集体、一个团队。我们都知道，在篮球比赛中，队员之间的团结非常重要。那么如何让球队更加团结呢？心理学家建议：多"摸摸"你的队友吧！心理学家迈克尔·克劳斯带领他的研究小组调查了 30 支 NBA 球队的 294 名篮球运动员，对各球队队友间的身体接触进行记录，研究身体接触对球队战绩的影响。他们着重注意了包括击掌、撞胸、摸头等动作在内的 12 种接触方式，最后得出以下三个结论：平均每个 NBA 球员与队友在每场比赛中的接触时间约为 2 秒，而比赛中每分钟和队友有身体接触的时间约为 0.1 秒；与队友触碰越多的球员对球队的积极影响也越大，他们的个人成绩也更出色；队友之间相互接触越多的球队胜率越高，而且差异很明显。

肢体接触也是一种情感交流。在学校里，在班级中，学生之间的团结很重要，我们可以从学生之间的肢体接触来判断他们之间的关系。反过来，如果我们要让学生之间搞好关系，就应该多开展一些能够促使他们肢体接触的活动。通常要让两个闹别扭的孩子恢复关系，我们往往是让他们从伸手、牵手开始。

## （二）"抚摩"的方式不止一种

在家里，孩子天天跟家人在一起，时时处处可以接受长辈的抚摩。在学校里，除了老师可以"抚摩"孩子之外，同学们课外、课间在一起，也有许多肢体接触的机会。

此外，我们还可以创造机会。例如，许多学校在每节课前都有 2~3 分钟的预备时间，有些教师只是让学生傻乎乎地等待上课铃声响起。其实，这段时间是教师与学生沟通感情、交流思想的大好时机，教师可以与学生聊聊天、拉拉手。因为学生大多不敢主动接触老师的身体，所以老师的肢体接触可能会使学生受宠若惊，产生"明显"的身体反应、心理反应乃至思想反应。课前教师还可以搞一些小游戏，这样既可以活跃气氛，又可以让学生在相互的肢体接触中增强友谊。家长们、老师们，请多一些这样的"举手之劳"：

## 1. 多牵牵孩子的手

牵手是一种常见的肢体接触方式。彼此接纳的人，身体之间存在着某种和谐的电波，在手与手触碰的瞬间，会有一种强大柔软、舒适温暖的"电流"霎时通遍全身。所以，教师在课间要多与学生在一起，多与学生手拉手。

今年是我当妈妈后第一次教一年级，也许是因为有了自己的孩子，我对教育中的一些小事也有了不同的感受。

轩是个活泼的女孩，一天到晚总是叽叽喳喳的，像只快乐的小鸟，什么话、什么事都找老师说。记得开学不久的一个周末，我在南岸公园遇见了她，她牵着妈妈的手向我飞奔过来，拉住我的手，叽叽喳喳地向妈妈介绍开了："妈妈，这是我的语文老师。她很漂亮，她姓诸葛，就是诸葛亮的诸葛……"清脆的童音满含喜悦，笑容写在脸上。看着神采飞扬的她，我心里暖暖的，多像我的孩子呀！她就那么紧紧拉着我的手，说着笑着。她妈妈不好意思地说："这孩子，就这样黏人！""不，我喜欢，她很可爱！"我笑着说，不由得紧紧握着她的手，心里写满幸福。

一个会大胆表达自己感受的孩子是多么快乐呀！记得我们小时候，常常见到老师就躲起来，或者低头小声问好，但其实心里是多么渴望老师摸摸自己、牵牵自己的手，就像轩这样开心地牵着我的手，多像牵着妈妈的手。我想以后我要经常牵牵孩子的手。

那次,我被一个调皮的孩子气得不知道说什么,猛地一把抓住他的手,想拉到我身边来狠狠地批评一顿。可当我抓住那只小手的一刹那,心中却一震,那只小手软软的、黏糊糊的,好脏啊。立刻,我改变了主意,牵着他去洗手间,把那肉乎乎的小手洗干净了,再牵着他走回办公室。他就那样任我牵着,既不说话也不扭捏。他很安静,我也没有了怒气,静静地看着他。他抬起头,眼里闪着泪光,说:"老师,我错了。"我笑了。第二天,他乖了很多,上课时居然举手回答问题了。我庆幸,庆幸自己牵住了他的小手。

每天放学要送路队,我告诉自己,每天牵住一个孩子的手,共同走一段路。只要我坚持,就一定会有收获。①

牵手是一种很好的情感沟通方式,虽然无声无息,但学生能真实而强烈地感受到教师对他的关爱。另外,与学生谈心时,特别是在进行思想教育时,教师与学生并排坐在一起,可避免面对面的尴尬,要比让学生站着或坐在对面更容易让学生感到平等。在谈话过程中教师不妨把学生的小手放在自己的双手之中,这样传递出的爱的能量会温暖学生的心灵,教师更容易与学生沟通思想感情,教育效果也会更好。

## 2. 多摸摸孩子的头

在肢体抚摸中,摸摸头是最常见的一种接触方式,常常能起到安定、鼓励的作用。在我小时候,有一天,村里难得放电影,周围的小伙伴和妹妹都兴高采烈地前往观看,我却被家庭作业中的一道难题搅得思绪全乱,抓耳挠腮。空荡荡的屋里只剩下我就着煤油灯光低头苦思。我

---

① 诸葛育敏. 牵牵孩子的手[J]. 班主任, 2012 (6). 有改动。

开始怨天尤人,边做边涕泪横流。这时,母亲轻轻地走了进来,抚摸着我的头,不知怎地,我就平静下来,在母亲温暖的抚摸下,我不再胡思乱想,心甘情愿地攻克难题,最终找到了解决方法。

　　母亲对孩子,教师对学生,摸一摸头都是行之有效的激励方法。曾经有一位记者在随访中了解到,大多数学生家长对新世纪教师的要求并不是很高,甚至只是最起码的:抽空摸摸孩子的头。上海卫生设备公司的陆女士说:"我清楚地记得,孩子上三年级的时候,有一天回家兴奋得要命。我起初以为是孩子考试得了100分,后来孩子告诉我,那天体育老师在走廊里碰到他,摸了摸他的头,还对他笑了笑,让同学们嫉妒得要命。""老师真的神得很。"陆女士说,"家长每天在家里伺候着孩子,他觉得理所当然,但老师偶然摸了一下孩子的头,他却高兴得找不着北。其实老师摸一下孩子的头成本很低,而效益却很高。"

　　在平时的交往中,教师摸摸学生的头、拍拍学生的肩膀,都会让他们感到自己在教师心目中是有位置的。有一位教师在表扬学生时,会有意无意地将一只手或双手搭在学生的肩膀上拍一拍,或是在他的后脑勺上摸一摸,肯定他的成绩,鼓励他继续努力;当批评学生时,该教师先是严厉批评,然后,同样会将手搭在学生的肩膀上,鼓励他改正错误,这样做效果非常好。犯了错误的学生,其逆反心理很强,师生之间肢体的亲密接触有时会减轻学生的心理负担和防备意识,缩小师生之间的心理距离,让学生感到老师是在真心地帮助他。

　　当然,男教师和女学生之间需要注意分寸;反过来,女教师对男学生可能就没有这么多顾忌,实施肢体接触教育就方便得多,其作用也要大得多——

　　回忆自己少不更事时,感受最深的莫过于对异性的向往。对英语老师杨老师莫名其妙的感觉是源于我的一次生病。那天在英语课上,我突然头疼,就趴在课桌上。她轻轻地走过来,轻轻地拍掉手上的粉笔灰,轻轻地推推我，关切地问我怎么了。我告诉她我生病了，她用手摸了摸我的脑门，探了探我的手心。杨老师的手嫩嫩的、滑滑的，很温润，一种异样的感觉充斥着我的全身，我不由得脸红心跳。也就是这一摸一探，那种感觉永远在我心里定格了。

因为杨老师，我一跃而成为学习英语最积极的人，我会千方百计地找问题问她，而这"积极"的最大目的不过就是能让杨老师零距离地指导我。在我眼里，杨老师不仅是老师，更是一个非常漂亮的女人。

对此，武汉大学特聘教授尹邓安称，孩子小时，父母的亲昵能让他们感受到爱和关怀，在这样的环境中成长起来的孩子往往更有安全感，更自信。对于难以管教的孩子，尹教授建议区别对待：家长和教师在教育小学中低年级的孩子时，可适当增加肢体接触，摸头、拍肩、握手都行，但对于高年级的孩子，接触就要适度了，太过热情反而会引起他们的反感。

## 3. 多抱抱孩子

拥抱也是一种抚摩方式。我曾经在《钱江晚报》上看到石爱娟写的一篇题为"爱我，你就抱抱我"的文章——

晚饭过后，我正在洗碗，5岁的儿子跑过来在我身边蹭来蹭去的，就是不说话。我问他怎么了。他小声地说了句："妈妈，抱抱我吧。""为什么？发生什么事了吗？"我心里一阵紧张：是不是他哪里不舒服？儿子却说："没什么事，我就想让你抱抱我。"听了这话，我才松了一口气，明白儿子这是在撒娇呢！我笑着柔声拒绝："不行，你现在可是小小男子汉了，怎么还要妈妈抱呢！"

"可是，你已经好久没有抱过我了。"儿子还在争取。是的，我真的已经好久没有抱过他了,哪怕是他不小心摔了跤,我也只是站在一旁鼓励他自己勇敢地站起来,因为我告诉过他,是男子汉,就一定要学会坚强。

看着儿子楚楚可怜的乞求目光,我的心一软,差一点就答应了,可我冷静了一会儿,依旧拒绝:"不行!"

儿子的眼神黯淡了,头也低了下去,他的身体慢慢地从我身上移开了,然后快快地离开厨房。就在我为自己的坚持而高兴的时候,儿子丢给了我一句"狠话":"妈妈,我马上就要升中班了,你再不抱我,以后就抱不动我了。"

我不禁被他稚嫩的话语给逗笑了,难道他升了中班我就抱不动他了吗?可是,想着想着,我脸上的笑容就僵住了,现在我能抱得动他,可以后他如果升了小学,升了中学,再到升了大学,我还能抱得动他吗?关键是,到时他还需要我抱吗?想到这儿,我立刻擦干手,抱起了儿子。儿子已经很重了,我抱起来有点吃力。把他抱稳当了,我刚想抱怨他怎么这么重时,儿子已经搂着我的脖子在我脸颊上重重地亲了一口。那种感觉,好幸福!

日本的育儿专家松田道雄也是一位妈妈,她曾在《育儿百科》里说过:"在孩子需要抱的时候,尽可能多抱抱他吧!转眼,人家就不让抱了!"妈妈的拥抱甜丝丝的,不论多坏的心情都会化解掉;妈妈的拥抱是芬芳的,只要投进她的怀抱,就是世间最美的享受。妈妈紧紧的拥抱就是对孩子信心与爱的灌溉,能让他找到温暖和安定。拥抱孩子,是爱他的最好的一种表达方式。

另外,母亲的拥抱对孩子还是一种奖赏。有个孩子在一次比赛中一个奖项都没有拿到,他的挫败感可想而知,于是他的母亲给予他一个深深的拥抱,那是理解和信任。这就是我国青年钢琴家吴纯和他母亲吴章鸿的故事。在人生的路上,无论遇到什么样的困难,母亲的怀抱对孩子

## 二、"抚摸"对教育的启示

都是最好的安慰和鼓励。

孩子需要母亲的拥抱,那么,在学校教育中,学生是否也需要教师的拥抱呢?下面的案例可以告诉我们关于这一问题的答案——

为了鼓励表现好的明阳,我决定奖励他。我原以为孩子们喜欢的奖励无非是小红旗、金星和贴画,便把它们摆在讲桌上让明阳挑。但他只是看了看,却没有动,而是用渴求的眼神望着我,小声说:"老师,不要这些可以吗?"我一愣,随即弯下腰问他:"那你想要什么?"他踮起脚,在我耳边悄悄地说:"老师,您可不可以像抱您的孩子一样抱抱我?"我的心"咯噔"一下,随即抱住他,紧紧地将他搂在胸前。

说实话,我怎么也没想到明阳会要这样的奖励,可细细想来也不奇怪,明阳的爸爸妈妈在外地工作,他肯定是想妈妈了。虽然此刻我看不到明阳的表情,但我相信他一定很满足、很幸福。我告诉自己,今后一定要经常抱抱这个孩子。

受此启发,我征求其他孩子的意见:"假如老师要奖励你,你最想要什么?"孩子们兴奋而又疑惑地看着我:"真的吗?"得到我的肯定后,他们高兴地写起来。读着孩子们交上的纸条,我的心被震撼了:文玉想当升旗手,浩宇想做领操员,晓飞想让我多摸摸他的头,小童想给同学们唱支歌,王博想牵着

图 2-1
(本照片由无锡市云林小学宗敏提供)

我的手一起送放学的队伍，高飞想得到检查眼保健操的机会……①

在我们的常规思维中，对孩子的奖励大多是小旗、金星、贴画甚至物品、奖金等物质奖励，至少也会采用言语表扬这种精神鼓励。教师以为只有说出来学生才能感受得到，却没有想到，拥抱一下也是对学生的精神鼓励，它其实是一种肢体语言，能够直抵人心。

相互拥抱具有更好的交流效果，虽然没有说出来，但拥抱在一起的双方都心领神会。一个女性朋友说，她可以凭着一个拥抱，断定她与一个人之间是否存在着默契的爱。当她想确认一份感情时，往往会以一个拥抱作为试探工具。确实，身体是情感敏锐的载体，它天生具备传情达意的功能，并且要比语言更为直接、更接近内心的真相。如果教师想知道学生是否喜欢自己，不妨用拥抱试探学生的反应，如果学生不愿意或者很勉强，那么说明学生还欠缺对教师的接纳和认同；反过来，如果教师想让学生知道自己对他的喜欢，也可以通过拥抱这种行为方式来表达——

一天中午我正巡查老教学楼，发现一群女生围坐在楼前草坪上的石桌旁，一边吃东西一边叽叽喳喳地说笑。我走过去，正要提醒她们注意卫生，一个女生突然对我说："老师，你好有气质哦！你的笑容真美，为什么不教我们呢？"一时间我没反应过来。我定了定神，笑了笑，对说话的女生说："谢谢！来，抱抱。"我夸张地伸出手抱住那位女生，附在她耳边说："我也是这样抱我女儿的。"旁边的女生眼红了，纷纷说："我也要抱抱。"于是我一个个抱过去，欢喜和快乐弥漫了晚秋的校园，也在师生间传递。

那天余下的时光在感谢和甜蜜中度过。我知道自己并不漂亮，可在

---

① 王晓燕. 老师，不要这样的奖励可以吗 [J]. 班主任，2011（10）. 有改动。

## 二、"抚摸"对教育的启示

学生眼里，灿烂的笑容、和蔼的态度会使老师变得美丽。我的拥抱不仅仅表达了对学生的感谢，更拉近了师生之间的距离，消除了师生间的陌生感。①

拥抱，可以成为师生之间表情达意的常规方式。在现实教育中，教师应该放下身段，多抱抱学生。我曾经问过一些教师在什么情况下抱过学生，一位教师说："我在外出郊游拍照时抱过学生。"另一位教师说："一些平时很调皮的学生，毕业后总记着老师，回来总喜欢和老师拥抱，可能是讨回过去失去的关爱吧。"江苏省淮安市纪家楼小学的周琴老师说："有一名学生父母离异，住在姑妈家。孩子很抑郁，成绩大受影响，我和她谈心，当她说到伤心处，我和她抱头痛哭。这孩子后来成绩很稳定，上初中了还经常回来看望我"……对那些做错事情、知错能改的孩子，教师的一个拥抱就像是在告诉孩子："我原谅你了。知错能改，你还是个好孩子。"

我们或许还不知道的是，拥抱可以治疗孤独症。英国埃塞克斯的一个设计师设计了一款神奇的抗拒孤独的背心，这款名叫"Squease"的背心乍看上去跟普通的背心没什么两样，但是，它附带一个手压泵，穿着者只要用手来回按几次手压泵，就能为背心充气。背心充完气后，穿着者就获得了"被拥抱"的感觉，从而能在一定程度上缓解孤独感。

2009年10月4日，诺贝尔基金会评选1979年和平奖得主特蕾莎修女（又译为"特里萨修女"）为诺贝尔奖百余年历史上最受尊崇的3位获奖者之一。特蕾莎修女把一件珍贵的礼物送给了很多穷人，那礼物的名字就叫"拥抱"——她真情地拥抱流浪者、贫苦者、濒死者，她用实际行动消灭人间的"孤独"。

要让拥抱达到效果，拥抱的时间就不能太短。英国心理学家艾米斯

---

① 云卓. 给学生一个拥抱［OL］.［2012-04-13］. http://home.51.com/dawen945/diary/item/10050389.html. 有改动.

观看了2008年北京奥运会的21项赛事录像,并对赛后运动员与教练、队友、对手之间的拥抱进行了计时,结果发现,来自32个国家的运动员和教练,每次拥抱的时间平均为3秒钟。人类行为的"3秒钟节奏"在生活中十分普遍——两人握手时的摆动、抚摸孩子的亲昵表示、挥手告别,等等,其动作节律要么是3秒钟,要么是3秒钟的倍数。心理学家很早就产生了一种猜测:3秒钟间隔也许是人类感知生命的一个基本单位,我们对于"此刻"的感知,大概就倾向于持续3秒钟。这个猜测简称为"3秒钟定则"。因此,教师拥抱学生至少要保持3秒钟,否则会让学生认为你只是在走形式。

## (三)"抚摸"的反应并非一种

不过,应该注意的是,抚摸也未必用之四海而皆准,在有些国家和民族是不能随便摸头的;另外,抚摸也未必用之学校而皆准,未必适用于每一个学生、每一个时刻、每一个地方,就如右图所示的漫画那样,不同的孩子在不同的时刻、不同的地方可能会有不同的感受和不同的反应。湖北一位老师在研修余文森教授讲授的"教学关系"专题后,写了一篇这样的反思——

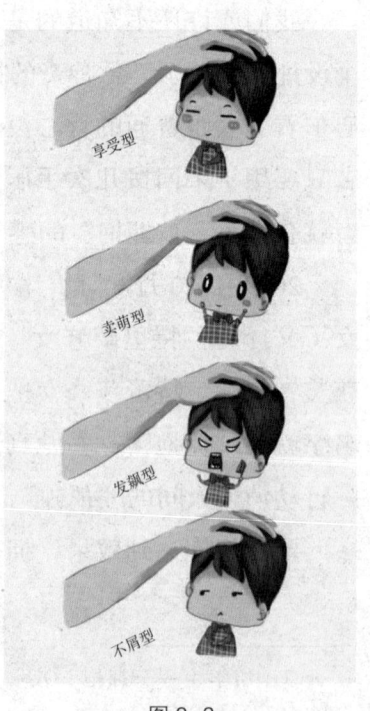

图 2-2

记得是刚接班不久,我班一位学生在做课堂作业时向巡视的我举起了手。我快步来到他身边,他小声地说:"这个句子我

## 二、"抚摸"对教育的启示

知道是什么意思,可就是说不好。"我与他一起分析了语句、组织了语言以后,他看着我笑笑,然后就开始写作业了。他的笑感染了我,我鼓励、赞许地摸了摸他的头,没想到他却投来一道异样的目光。当时我很不解,后来我在他的日记里看到这样一段话:"我不知道老师为什么要摸我的头。我很小心,怕又出错,那样同学们又会笑我的。"

我愕然了。老师赞许、鼓励、期待的肢体语言能促进学生的健康成长是常识啊?可孩子们在成长的过程中受到了老师怎样的态度感染呢?

教师"亲切的抚摸"引来学生的"异样眼神",或许是孩子的误解,或许是孩子的不屑,或许是孩子的反感,也或许是其他原因,不管如何,我们应该知道,教育需要因人而异。

"亲切的抚摸"不一定换来别人的感动,有时"亲切的抚摸"还换不来别人的感激。女作家毕淑敏的朋友到北欧某国做访问学者,周末到当地的一位教授家中做客。看到教授5岁的小女儿满头金发,极其美丽,朋友抚摸着女孩的头发说:"你长得这么漂亮,真是可爱极了!"教授等女儿走后对朋友说:"你伤害了我的女儿,你要向她道歉。"教授说:"你是因为她的漂亮而夸奖她,而漂亮不是她的功劳,这取决于遗传基因,与她个人基本上没有关系。你夸奖了她,孩子很小,不会分辨,就会认为这是她的本领。而且一旦认为天生的美丽是值得骄傲的资本,她就会看不起长相平平甚至丑陋的孩子,这就成了误区。而且,你未经她的允许,就抚摸她的头,这使她以为一个陌生人可以不征得她的同意而随意抚摸她的身体,这也是不良引导。有一点,你是可以夸奖她的,这就是她的微笑和有礼貌,这是她自己努力的结果。"由此可见,抚摸也是有条件的。

### 聆"师"明言

摸头、拍肩、牵手、拥抱,是一种肢体接触,也是一种肢体语言,更是一种情感交流,如此"促膝"谈心或许能谈得更好。

# 三、"点燃"对教育的启示

## ——如何能让学生拥有自己的新思想？

古希腊哲人普罗塔戈说："大脑不是一个要被填满的容器，而是一个需被点燃的火把。"南方科技大学校长朱清时院士在"南科大讲堂"面向全校师生所做的题为"如何培养创新型人才"的精彩演讲中说："科学上的原始创新最核心的东西是新思想，是有利于产生新思想的各种素质。"朱清时认为，我们的教育体制的弊病是深层次的，切入到了人们的文化和思维习惯中。即教育只重视知识的传播，考核体系只重视考核学生掌握知识的情况。而且，在知识传播和考核掌握知识情况的过程中，还伤害到了学生的很多创新素质。

对于创新能力来说，知识只是第二位的，最重要的是具有创新素质。对于一个有创新素质的人来说，知识少可以逐步学习、弥补。如果一个人没有创新素质，知识再多，也难以成为创新型人才。在科学史上，美国著名物理学家阿尔弗雷茨受年轻学者格拉塞新思想的启发，一举攻克了观测基本粒子这一科学难题。令人惊讶的是，1960年诺贝尔物理学奖没有颁给阿尔弗雷茨，而是给了格拉塞。为什么呢？因为诺贝尔奖的价值观是：科学发展最重要的不是经验和知识的多少，而是有没有新思想，奖励的应是新思想的创造者。牛顿和爱因斯坦取得科学成就的巅峰期是在20~30岁时，他们当时有知识，但并不丰富。由此可见，对于原始创新，新思想比知识还要重要，产生新思想的素质比知识渊博还

三、"点燃"对教育的启示

要重要。

教育要培养的绝不是只懂知识而不懂创新的人。教育要培养一个人的创新能力，首先要培养他的批判思维能力和求异思维能力，这并不是一蹴而就的事情，需要教师在教学过程中有计划、有目的地逐步引导。每一个人都有创造的潜能，也就是说每个学生都是"火把"，但需要教师去点燃它。

## （一）点燃学生质疑的火线

爱因斯坦说过："提出一个问题，往往比解决一个问题更重要。"其中，提出问题的高级形式就是质疑。质疑的过程实质上是发展创造性思维的过程。朱熹说："读书无疑，须教有疑；有疑者却要无疑，到这里方是长进。"物理学家钱伟长说："学问学问，学要问，问是学的过程……只有大脑里装着无数个'问号'的人，才会有强烈的欲望去探索、去弄懂、去创新。"可以说，质疑问难是点燃智慧的火花，是打开知识大门的钥匙，是学生学习的动力。《基础教育课程改革纲要》指出："教师在教学过程中应与学生积极互动、共同发展，要处理好传授知识与培养能力的关系，注重培养学生的独立性和自主性，引导学生质疑、调查、探究，在实践中学习，促进学生在教师指导下主动地、富有个性地学习。"

从心理学角度来说，多问和好奇是孩子的天性，是儿童求知欲的表现。然而，为什么我们的学生会逐渐失去这一"天性"，表现得不喜欢质疑问难了呢？个中原因大体有二：一是长期以来，我国教学领域教师讲、学生听或者教师问、学生答，学生学会了"听"、学会了"答"，而没有学会质疑问难；二是有的教师本身就不善于质疑问难，直接影响了学生。因此，为了让学生能够坚持质疑问难或重新喜欢质疑问难，教师必须转变教学观念，除了确实需要采用"教师讲学生听"或"教师问学生答"这种自上而下的教学方式外，还要自觉地采用"学生问教师答"或"学生问学生答"的自下而上的教学方式。

自下而上的教学方式需要宽松、民主、质疑的氛围。教育心理学研究表明：一个人只有在感到安全、自由、轻松自在时，才可能有丰富自由的想象，才能获得最大限度的表现和发展。教师要真诚欢迎学生质疑问难，不怕被学生问倒。教师的最大成功是培养出值得自己崇拜的学生。

另外，教师要教会学生质疑问难的方法。教师要告诉学生，不要为质疑问难而质疑问难。虽然问难是积极思维的结晶、质疑是发明创造的开端，但要围绕教学内容来问难、来质疑。要避免学生对质疑问难产生认识误区，认为不管什么问题、有无价值，都要问。教师还要指导学生在深思熟虑之后再质疑问难，因为一节课的时间有限，那些能通过自己努力，借助工具书、参考书，或者通过与同学切磋、讨论能解决的疑难，就不必提出来，防止学生借质疑问难之名成为学习的"懒虫"。

学生的质疑问难一般可分为低认知水平的质疑问难、中认知水平的质疑问难和高认知水平的质疑问难三个不同的层次。低认知水平的质疑问难是学生针对教学内容的识记进行的提问，如在语文教学中，学生针对课文的生字、新词、时代背景、作家情况、古今文体、典章制度等的提问。低认知水平的质疑问难难度不大，学生一般可自己解决。中认知水平的质疑问难是学生在识记的基础上针对理解知识的提问，如在语文教学中，学生针对语法、修辞、段落划分、归纳段意、概括主题、分析写作特点等的提问。中认知水平的质疑问难一般都有一定难度，学生需要在教师的启发下才能解决。高认知水平的质疑问难是学生在理解的基础上积极思维后针对运用知识的提问，如在语文教学中，学生针对课文的意蕴、内涵，联系各种社会问题而提出的问题。高认知水平的质疑问难要求知识覆盖面广，难度大，除了需要教师素质较高、能力较强、知识面较宽外，学生本身还必须具有较强的思维能力尤其是创造性思维能力。在教学过程中，教师必须根据教学内容的知识结构和教学对象的认知结构特点,循序渐进地培养和提高学生质疑问难的层次,向创造性思维发展。

教师仅从理论上阐述质疑问难的方法还不够,还需要亲自示范。国外的有关研究表明:学生提问时亦喜欢模仿教师的行为方式。教师应该在教学过程中经常提出一些高认知水平的质疑问难,并尽可能地向学生展示自己发现问题的思维过程,使学生有法可循、有据可查。从质疑对象上看,教师可以从以下几个途径鼓励学生质疑问难:

## 1. 允许学生对教材进行质疑

叶圣陶说过,教材无非是个例子。我们应该允许学生对教材进行多元化理解、提出不同想法甚至提出反对意见。有这样一则故事——

小可的爸爸爱写诗。受他的影响,小可刚上小学就能背诵不少古诗。周末,一个诗人来小可家玩。他和小可爸爸谈天说地,无意中说到一首有名的唐诗《锄禾》。正在边上玩的小可突然评论道:"这首诗不好。"

诗人来兴趣了,便问小可:"这可是很有名的诗哦,你倒是说说,哪点不好?"

小可说:"题目就不好。要么锄地,要么锄草,锄禾肯定不对,要被农民伯伯打屁股的。"

诗人觉得有趣,就又问:"你知道《春晓》吗?这首诗如何?"

小可一摇头说:"这首也不好。"他指着摆在一旁的《少儿学古诗》,说:"好不好你自己看。我都批字了。"

这倒新鲜,小孩子竟敢给名诗批字。诗人拿起诗集,翻到《春晓》。果然,在每句诗的后面,都写有两个不太工整的铅笔字:春眠不觉晓——糟糕。诗人看完乐了,指着这句话问:"这怎么讲?"小可瞥了一眼书,说:"早上醒不来,上学迟到,要罚站的,这不糟糕啦?"

诗人更乐了，再看：处处闻啼鸟——矛盾。他又叫小可解释。小可回答说："都'不觉晓'了，睡过头了，怎么还能'闻啼鸟'呢？"

诗人觉得有点道理，继续看：夜来风雨声——跑题。他感到很惊讶，又问小可。小可不耐烦地说："你不会自己动脑筋呀？题目既然是春晓，讲春天的早晨，就不该写夜晚！"

诗人想想对呀，接着往下看：花落知多少——费解。他又问小可："这怎么说？"小可说："花落多少朵，数不清吧？不可能知道吧？他却说'知'，真令人费解。"

诗人大惊失色，又点了一首诗《登鹳雀楼》，小可还是说不好。小可依然在每句诗后面批了两个字：白日依山尽——错了；黄河入海流——反了；欲穷千里目——晚了；更上一层楼——傻了。

诗人暗叹小男孩厉害，边笑边逐句叫他解释。小可一一解释说："'尽'应该是'进'，太阳是落进山，而不是完蛋了。'入海流'应该是'流入海'，它都入海了，还流什么流？太阳都落山了，还想着看得远远的，不是'晚了'吗？那会儿别说上一层楼，上十层楼都看不清啦。真上去的话，不是'傻了'？"

诗人开怀大笑，冲小可的爸爸喊："老兄，你儿子太有才了！将来你绝对不是他的对手！"[1]

虽然这只是一个故事，但从中可以看出孩子还没有形成定式的思维和被定调的思想，这些入学之后就可能会消失殆尽，应引起我们每一个教育工作者的思考。从另一个角度来看，这个孩子限于年龄和知识，虽然还不能理解诗的写法和意境，但他敢于质疑的勇气和精神是值得嘉奖的，从小就有这种批判性思维能力的孩子，还会学不好吗？只是还需要后期学校教育步调一致，否则也只会是昙花一现。而要做到这一点，就

---

[1] 覃旭. 奇才[J]. 才智：才情斋版，2013（3）.

# 三、"点燃"对教育的启示

需要教师在教学中做到,当学生的见解不符合教师心意、不符合教材或者不十分正确甚至错得非常离谱的时候,搜寻一下其中是否跳动着创新的火花,如果没有,也应该鼓励一下学生这种敢于提出不同想法的勇气,而不是一味地抵制批评。

例如,一位数学教师在教圆锥的侧面积计算公式"$S_{圆锥侧}=\frac{1}{2}\cdot 2\pi r\cdot l=\pi rl$"时,有个学生根据自己的学习体会质疑教材,提出:"这里圆锥的母线长为 $l$,而扇形的弧长也用 $l$ 表示,在记忆时难免会引起混淆,我认为将这里的 $l$ 改为 $R$ 比较好。因为圆锥的母线在其展开图中就是扇形的半径,而扇形的半径较圆锥底面圆的半径大,圆锥底面圆的半径用 $r$ 表示,圆锥的母线用 $R$ 表示,既符合圆的半径的习惯表示方法,也不会与其他字母表示的意义相混淆,记忆简捷,应用起来自然方便。"

又如,一位语文教师在教《分马》这一课时,有个学生抓住课文标题"分马"与课文内容的矛盾质疑问难:"我认为'分马'这个标题不恰当!白大嫂子分的是骡子,老初头分的是牛,李毛驴分的是两头毛驴,明明是马、骡子、牛、毛驴全有,而标题却叫作'分马',不恰当,应该叫'分牲口'。"教师并没有视之为捣乱,反而表扬道:"《分马》是作家周立波的作品。你敢于向名家挑战,值得表扬。"哪知另一个学生也发现了问题:"老师,他不是在向作者挑战,而是在向编者挑战,因为课文注解写着呢,'本文的标题是编者加的'。"正是教师的积极鼓励,让学生敢于对教材、对教师进行质疑。

《新华字典》的内容经过编写人员的千挑万选,没有人对其中的内容产生怀疑和质疑,而有一个外国孩子发现了其中的问题并提出"异"见——

约翰是我们学校特聘的外语教师。春节期间,他让远在英国的妻子和孩子一起来中国和他团聚。他的孩子小约翰在伦敦读中学,也在课堂上学会了一些简单的中文,和我们沟通起来虽然不是非常流利,但可以相互理解彼此的意思。

有一天晚上,小约翰很有兴致地说要自学中文,他一会儿翻《成语词典》学成语,一会儿翻《新华字典》了解字义,正这么翻着,突然,他冲着我大声喊:"陈老师,为什么'猪'的解释是这样的?太不可思议了!"

我好奇地走过去看,只见字典上这样写着:"猪:哺乳动物,肉可食,鬃可制刷,皮可制革。粪是很好的肥料!"我看后对小约翰说,这是正确的。小约翰没点头也没摇头,他沉思了片刻自言自语道:"这是对'猪'的解释,那'牛'字的解释又是怎么样的呢?"他刷刷几下就查到了"牛"字,这下,他似乎更加惊讶了,用难以置信的口吻大声念了起来:"牛:哺乳动物,趾端有蹄,头上长一对角,是反刍类动物,力量很大,能耕田拉车,肉和奶可食,角、皮、骨可作器物!"

小约翰用惊讶的神色看着我,我也很纳闷地看着他:这没有什么不妥啊,本来就是这样的嘛!

小约翰似乎对眼前的这本字典失望至极:"这太令人震惊了。居然这样解释这些动物!"我纳闷地说:"你觉得字典上的解释是错的?"

"当然。而且是非常错误的!"小约翰说,"动物是人类的朋友,我们应该爱护它们,而不是去利用它们。按照字典中的解释,动物不是用来吃,就是用来做劳动工具,甚至要把它们杀死做成产品,这完全不是它们的朋友应该做的事情。我觉得那些注解会让中国的学生从认字开始就觉得动物并不值得尊重,会觉得动物只是用来杀掉吃的食品或者是用来使唤劳动的工具,甚至是一种产品,这和'保护动物'是完全背道而驰的!"

小约翰的这番话让我怔住了,从他这个角度去理解,字典里对一些动物的解释确实缺乏"尊重"与"平等",不是站在"朋友"的立场上去介绍,而是站在屠夫的立场上对动物做出了残忍的、不人道的、野蛮并且自私的注解。①

一个外国孩子眼中的《新华字典》居然存在着这么严重的问题，我们这些天天都在用汉字的人，有谁想过这个问题呢？当然，他所认为的"不正确"是基于他的思想认识，但值得我们思考的是，如果我们想到了这一问题，又有谁敢提出来呢？前述案例中的孩子小可尚属学前儿童，天真无邪，敢说敢做，但这个外国孩子已经是中学生，依然能够保持如此的质疑意识和质疑能力，这说明了什么？由此，我们不难想象外国教育是什么样子的了。

上述质疑并不是因为教材真的出现了错误，更多的是孩子新思想的闪现，还有一种质疑真的是因为教材编写的错误。2009年9月4日，当时的温家宝总理在北京三十五中听课时就指出了地理教材中的错误；2013年郑州市一位教师发现人教版新版初一语文教材上有错误，人民教育出版社已在其网站上致歉。教材并不是圣经，我们不妨把教材中的错误作为一种教学资源，让学生去比对、去发现，以此培养学生敢于挑战教材的勇气和善于研究教材的能力。

## 2. 允许学生对教师进行质疑

### （1）教师要允许学生在没听清的时候问教师

一次听课时，教师提问一个学生，学生答非所问，于是我告诫学生要动脑筋，这个学生很长时间都没脸抬起头来看黑板。事后我找到这个学生，问其缘由，原来是他没听清楚老师提的问题，当时也不敢再问老师，就胡乱回答了一句。试想在这种情况下学生都不敢问老师，又怎么

---

① 陈亦权. 一个外国孩子眼中的《新华字典》[J]. 中学时代，2012（11）. 略有改动。

谈得上学生有了不同思想去质疑老师？！

**（2）教师要允许学生在没弄清的时候问教师**

有一位教师在教初一几何"角"这一课时，说到度数，突然有个学生大声喊道："老师，数既然有负数，那么角度有没有负的呢？"教师一时对学生突然冒出这一古怪问题打断教学颇为不满，但转念一想，高中数学中何尝没有负角度呢，于是他抓住这一机会，告诉学生高中数学就会讲到负角，鼓励学生要敢于想别人所不敢想的问题，结果发生连锁反应，相继有学生提出负数的平方根等疑问。

陶行知说："发明千千万，起点在一问。"许多创新甚至许多重大的科学发现、发明创造都来自于质疑，并且往往是对权威的质疑。例如，伽利略因为对亚里士多德的定论提出质疑，才有了"两个铁球同时落地"的著名实验。

质疑的初级阶段是问疑，质疑的高级阶段则是怀疑。巴甫洛夫说："怀疑是发现的设想，是探究的动力，是创新的前提。"大胆怀疑是创造活动的特征，敢于质疑，不迷信权威，这本身就是创新。例如，"有一个三棱锥和一个四棱锥，棱长都相等，它们的一个侧面重合后，还有几个暴露面？"这是美国一道有83万人参加的中学生数学竞赛试题，标准答案是7个面。但有一位中学生提出5个面的答案，被权威否定，这位学生没有放弃，不但做了一个模型，验证自己的结论是正确的，而且给出了证明，最后，这位学生的答案得到认可。由此可见，如果没有怀疑精神，就不会去挑战标准，也就不会有创新思想。

在教学过程中，为了能够看清学生的真实想法、看到隐藏其中的创新火花，我们还需要改进评价手段。在以往的教学中，教师习惯让学生通过举手来表达自己的思想或评判别人的观点，要知道，一样的手势并不一定代表一样的想法，这样的举手不利于培养学生的求异思维和创新精神。我们可以向每个学生发三块牌子，绿牌代表赞成，黄

三、"点燃"对教育的启示

牌代表补充，红牌代表反对，这样教师就一清二楚，可以分别选择三个代表发表意见。

## （二）点燃学生创新的火花

创造力是人的一种潜能，等待着唤醒和激发，是知识、能力、人格的有机融合和促进，是外在知识内化过程中多种智力因素和非智力因素契合、碰撞后灵感火花的闪现。陶行知说："人人是创造之人，天天是创造之时，处处是创造之地。"教师要做现代的燧人氏，在学生思想的燧石上敲出火花，点燃孩子们创新的火把，多给他们展示创新成果的机会。

### 1. 用活动点燃学生创新的火花

人的创新能力从哪里来？心理学家斯坦等人的研究表明，适当的教育与活动可以激发人的创造性思维。皮亚杰说："智慧自动作发端，活动是连接主客体的桥梁。"一个人的创新与创造过程都离不开手与脑的有机协调运用，而学生创造力的提高又需要操作能力的支持。因此，在教学过程中，教师要注重引导学生动手操作、自主探索，让学生经历知识的形成过程，并在一系列亲身实践和体验活动中感悟、理解知识的内涵，在发展解决问题策略的同时，有效地开发学生的创新潜能，培养其创新能力。

例如，教学"三角形的面积"时，一位教师让学生通过自己动手操作、观察、猜想、实验验证等活动来推导三角形的面积公式，结果学生不仅想出了用两个完全相同的三角形来拼成一个长方形或平行四边形，而且想到了把三角形分成一个三角形和一个梯形，再将三角形旋转

180°与下面的梯形拼成一个平行四边形。在这样"做数学"的过程中，学生的动手能力得到了锻炼，创新意识和创新能力也得到了培养。

除了动手操作活动，我们还可以在动脑探究活动中点燃学生创新的火花。例如，在教学"两位数加两位数的口算"时，面对63+20、63+25、63+28一组题，绝大多数学生都发现了这三题的和在第一个加数不变的情况下，随着第二个加数的增加依次增加的规律。此时，教师适时"点火"："还有别的联系吗？"经过探究，有一个孩子兴奋地发现：把两个加数个位和十位上的数各自相加，再将得到的数相加，正巧与和的两个数位上的数相加的得数相同。如63+20，63中的6+3=9，20中的2+0=2，9+2=11，而63+20=83，83中的8加3也正巧等于11！大家纷纷拿出纸来试验其余几题，这时，另一名学生发现：63+28=91这道题，6+3=9、2+8=10、9+10=19，这和91中的9+1=10不相等！教师继续点拨："大家找找有没有解决的办法？"一会儿，便有许多学生举手："2+8=10中的10是两位数，我们如果再加一次1+0=1，9+1=10结果就对了。"在这个教学过程中，教师的一句"还有别的联系吗？"促成了学生的再思考，学生的思维在那一刻走出了以往的禁锢。虽然这样的问题对学生是有难度的，但是他们已经开始尝试从不同的角度思考问题，创新的火花就在这一刻迸发出来了。

## 2. 用想象点燃学生创新的火花

如果我们评价一个人"富于想象力"，那就是对此人很高的褒奖，因为想象与创新有着密切的联系。爱因斯坦说："想象比知识更重要，因为知识是有限的，而想象概括着世界上的一切，推动着进步，并且是知识进化的源泉，严格地说，想象是科学研究中的实在因素。"

你头脑中已经有了一个形象，然后你把这个形象展示出来，这不是想象。你展示的不过是别人的东西，例如照着说明书做了一个简单的船模。你把头脑中已有的形象进行加工，加上了自己的东西，产生了一种新的形象，这才是想象。例如：冬天的积雪融化后变成水——这是常识；冬天的积雪融化后变成春天——这是想象。又如：建筑师在设计时，他的大脑"荧屏"上不时地闪现出许多建筑物的优点，他运用自己的想象，聚集各种建筑物以及其他事物（如天体、植物、动物等）的可取之处，经过分析和比较，形成自己设计的建筑物的总体形象。

科学理论的创立和科学发现更离不开想象。哥白尼创立太阳中心说时，天文仪器十分简陋，连天文望远镜也没有。哥白尼的才能，正是在于他能超越已有的感觉经验大胆地想象。当你具有丰富的想象力时，创新离你只有一步之遥。

在学校教育教学中，我们也可以开展一些想象活动，例如，有一位教师让学生对"1+1=1"进行想象。有的说，1+1=关爱、互助，同学之间需要关爱和互助；有的说，一分耕耘加上一滴汗水得到一分收获；有的说，只要两个人团结起来，就是一个战斗堡垒。这些扩展性的描述既需要借助想象，也有利于发展想象。

## 3. 用立异点燃学生创新的火花

创新从一定意义上说就是标新立异，它需要个性的充分舒展或张扬。在教学中，我们要培养学生的求异思维和创新意识，特别是在课堂上要鼓励他们不要人云亦云、固步自封，要使学生能够突破常规、突破自我。

标新立异离不开发散思维，发散思维是创新思维的主要方式，是指沿着不同方向、循着不同角度去思考问题，从多方面寻找问题的多个答案的思维方法。运用这种思维方法，可以摆脱传统习惯的禁锢，突破常规的束缚，闯出新路，提出新颖独到的创见。

例如："要制作一根长方体通气管，横截面长 2 分米，宽 1.5 分米，管长3米,至少要用多少平方米铁皮?"大部分学生都能运用"$S_{表}=(ah+bh)×2$"列出算式,但是一位教师并不满足于这一常规解法,鼓励学生思考是否还有其他解法,结果有一名学生发现了"$S_{表}=C_{底}×长$"的方法,显然这种解法较前一种解法既新颖又简捷。

那么,怎样培养学生的发散思维能力呢?一是运用多向思维。拿到一道题目,学生往往囿于习惯思维,只能看到大多数人首先想到的那个方面,这时教师要引导学生多方位、多角度地思考,从而提出新思路、新方法、新方案。二是运用逆向思维,鼓励学生"反弹琵琶",打破传统的思维程序,反向思考问题。三是运用侧向思维,引导学生的思维避开众人注目的正面,从一般人不注意的侧面进行思考,寻找突破口,解决问题。

例如:很多名言警句、俗语、成语往往只强调约定俗成的思维认识,教师可以引导学生大胆创新,想别人所未想,言别人所未言,从而写出既异想天开又合乎情理的文章——"开卷未必有益""班门弄斧赞""不在其位,也应谋其政""知足常乐戒""好酒不怕巷子深""卖瓜就得自卖自夸"等。《格言》杂志就有这样颠覆经典的栏目,不妨让学生看一看。

## 4. 用合作点燃学生创新的火花

英国大文豪萧伯纳曾打过一个著名的比喻:"你有一个苹果,我也有一个苹果,我们交换一下,我和你还是各有一个苹果;你有一种思想,我有一种思想,我们交换一下,我们每个人将有两种思想。"通过合作、交流,每个人很可能得到一个甚至几个金苹果,这实际上包含有协作学习的含义。

让学生积极参加讨论是一种主动出击获得创新灵感的有效途径。灵感往往是在不同思想观点相互碰撞的时候闪现的。在讨论中,那些与自己观点不同的意见更能激发灵感。有的时候，我们可以鼓励学生主动"挑起"争论，把自己尚不成熟的想法向别人进行"宣传"，而在别人反驳你的观点的时候，往往会激发灵感。

## 5. 用宽容点燃学生创新的火花

1968年在墨西哥城举行的第19届奥运会上，美国跳高运动员理查德·福斯伯以"背越式"飞越了2.24米的高度，刷新了纪录，他也从此成为体坛超级巨星。"背越式"跳高是理查德的独创，那时他还是一名小学生——

在一节体育课上，老师先讲了有关跳高的知识和要领，然后要求大家跳过1.15米的横杆。同学们一个个地试跳，却没有人成功。最后，轮到了理查德——其实他当时正在走神儿，一听老师叫他跳，便使出全身力气冲向跳高架。由于紧张、走神，那一瞬间他忘记了老师讲过的要领。情急之下，他在杆前突然转过身子，面对老师，背向横杆，然后顺势拔地而起，腾空一跃。不料，他竟然顺利地跳过那1.15米高的横杆。不过，此时此刻，送给他的不是同学们热烈的掌声，而是带有嘲弄意味的哄笑——因为，他落进沙坑时，四肢朝天，像只被翻过来的乌龟。

理查德涨红了脸，可出乎他意料的是，老师既没有像同学们那样取笑他的姿势不优美，也没有责怪他的跳法"错误"，恰恰相反，老师把他扶起来，大声表扬了他的创新精神，鼓励他好好练习这种独特的跳法。理查德也就是从那时起，真正地爱上了跳高。[1]

由于人经常陷于一种固定的思维模式中，因此创新的过程有时会

---

[1] 行阳. 真诚点燃创新的火花[J]. 现代妇女, 2006 (12). 有改动。

给人以滑稽甚至是错误的感觉。于是，在实际生活中，成人总是按自己的习惯和经验去束缚孩子，教育也充满了习惯性的"指正"，这样只会破坏孩子的想象力和创造力，使他们不得不回到生活的常规和知识的常规，人生和学习也就很难创造出新的风景。要想让孩子成为创新型人才，就要手下留情，不要将他们那些出人意料的想法扼杀在萌芽中。

最后，用陈至立说的一段话作结束语——"只有具备创新精神和创新意识的教师，才能对学生进行启发式教育，培养学生的创新能力；只有教师了解当今高新技术发展的最新成果，才能站在高科技革命的高度，鼓励学生勇敢探索；只有教师自身具备不断学习提高的能力，才能教会学生如何学习……"让我们谨记此言。

### 赠"师"明言

学生不仅要有"真知"，还要有"灼见"：首先要有闯劲，敢于问别人不敢问的问题；其次要有创劲，善于想别人不善想的问题。

# 四、"种树"对教育的启示

——好学之才与学好之材是怎样长成的？

柳宗元的《种树郭橐驼传》原是一篇谈种树之道对治国的借鉴的杂文。但细品之，在教育方面，这篇文章也多有启示。

在文中，郭橐驼传授的种树经验，核心思想就是"能顺木之天，以致其性焉尔"。其意为：顺应、符合树木生长的客观规律，让它们的习性特点充分显露。这些习性特点有："凡植木之性，其本欲舒，其培欲平，其土欲故，其筑欲密。"四个"欲"字，既概括了树木的本性，也揭示了种树的要领——树的根要舒展，培土要平，土要旧的，捣土要结实。接着，他强调了"他植者"（其他种树人）常犯的错误："他植者则不然：根拳而土易。其培之也，若不过焉则不及。苟有能反是者，则又爱之太殷，忧之太勤。旦视而暮抚，已去而复顾；甚者爪其肤以验其生枯，摇其本以观其疏密，而木之性日以离矣。"读到这里，自然会让人联想到，教书育人之道与郭橐驼的种树经验何其相似。

## （一）学生成长："顺木之天，以致其性"

我们应该顺应孩子的发展规律，使其能够很好地展现出独特的性情。学生的成长类似树木的生长，既有其天性，犹如"木之天"，比如好奇心、求知欲强、活泼好动等，又有心理成熟时期、过程，身体发育规律等共性；同时，学生的天性各不相同，表现为个性特点，犹如"以致其性焉尔"中的"性"；比如有的孩子喜欢音乐且有天赋，能听出"哀悁悁之可怀兮，良醰醰而有味"，而有的孩子兴趣不在此，对任何音乐都可能麻木不仁。

在现实中，家长、教师对孩子的教育常犯有"他植者"的毛病，违背儿童成长规律。归纳起来主要有两种：

## 1. 对孩子约束过多

其一是不考虑"致其性"，或者不顾及孩子天真活泼的共性，施加死板的填鸭式教育，或者忽视孩子的个性差异，一味盲目地制订各种课外辅导计划，不管孩子愿不愿意学、适不适合学；其二是在学业定量方面"不过焉则不及"，即不是太多就是太少，这些往往是"并发"的。由于在主课业上投入过多，在所谓不重要的领域就必然投入太少，这实际上就是"不知其长，必害其长"的恶果。

由此我想到龚自珍的《病梅馆记》，他在文中指出，好梅者认为"梅以曲为美，直则无姿；以欹为美，正则无景；以疏为美，密则无态"。意思是说：梅以枝干曲折算作美，直了就没有风姿；以枝干横斜算作美，端正了就没有景致；以枝干疏朗算作美，稠密了就没有美态。好梅者品梅的标准就是以曲、欹、疏为美，以直、正、密为丑，于是"有以文人画士孤癖之隐明告鬻梅者"，强行地"斫其正，养其旁条，删其密，夭其稚枝，锄其直，遏其生气"。也就是说，卖梅者为了迎合好梅者的心理，以求梅枝能够曲、欹、疏，就强行砍掉梅树端正的枝条，培养梅树横斜的枝条；删掉那些繁密的枝条，使那些嫩枝弯曲；锄掉那些笔直的枝干，阻碍梅的生机，以此来谋求高价，致使"江浙之梅皆病"。

在教育教学中，有的教师与"鬻梅者"相比有过之而无不及，他们会严格地按照所谓完人的标准去塑造学生、规范学生、考察学生，容不得学生有一丁点儿旁逸斜出；一旦横生枝节，也会在第一时间毫不犹豫地将其剪除。

在《病梅馆记》中，龚自珍正是看到了病梅产生的根源，才有了"予购三百盆""誓疗之"的决心。龚自珍"疗梅"的方法是"纵之顺之，毁其盆，悉埋于地，解其棕缚"。"纵之顺之"就是放开它们，使它们顺着天性生长；"毁其盆"就是毁掉那些盆子，破除束缚，让梅获得生长的自由，个性得到解放；"悉埋于地，解其棕缚"就是把梅全都种到地里，解掉棕绳对它们的束缚和禁锢，让梅树以它蓬勃的生机，以它的自然形态健康生长。这样，才符合梅树的自然个性。病梅之所以病，是因为斫、删、锄伤了它的天性。被伤了天性的学生，哪怕学得再好，也只能算是病态的好学生。

教育培育的不是仅供观赏、不能自由生长的盆景，而是一棵棵或高或低、形状各异的有用之材。许多人喜欢盆景，但是欣赏多了，就会有"千盆一景"之感，因为所有的盆景都是在园艺师的设计意图下生长，美观但是雷同，刚柔相济却又矫揉造作，完全缺失自然的味道，更谈不上个性之美。一个班的学生在智力水平、行为习惯、知识基础、家庭环境等方面存在着差异，学困生很难在短时间内与班集体同步，而要求所有学生都必须在同一时间内达到思想道德、纪律、文化学习的统一标准，是许多学困生根本没有"幸福和充实的精神生活"的主要原因之一。

## 2. 对孩子爱得过分

"爱之太殷，忧之太勤"。要么该管不该管的都管——轻则不利于发挥孩子的能动性，重则造成孩子与父母、老师之间产生隔膜，形成不信任感；要么放任不管——久而久之，孩子习非成是，随波逐流。

再来看郭橐驼的管理经验："既然已，勿动勿虑，去不复顾。其莳也若子，其置也若弃。"也就是说，树已经遵循其本性种下去了，就不要再动它，不要忧虑它，离开后就不要再去看。种植时像对待孩子一样小心，种下后，像抛弃掉一样不去管它。乍看之下，好像将树种下去以后就听之任之，不加管理；其实，郭橐驼的"无为而治"并不等于撒手不管或放任自流。事实上，郭橐驼的"勿动勿虑"，移栽时的"若子"，种完后的"若弃"，正是最佳的管理。由此我想到两位老人在沙漠中种树的故事——

有两位老人同时在沙漠里种胡杨树。其中 A 老人待树苗成活后，每隔三天就来给树苗浇水；而 B 老人等到树苗成活后就来得很少了，即使来了，也只是把被风刮倒的树苗扶一把，不浇一点水。

过了两年，两片胡杨树都长得有茶杯粗了。忽然有一天刮起沙尘暴。第二天风停后，人们惊讶地发现：A 老人种的树几乎都被风刮倒，有的甚至被连根拔起；而 B 老人种的树只是被风吹折了一些树枝和树叶。

问其原因，B 老人道："你经常给树浇水施肥，它的根就不往泥土深处扎。而我把树栽活后，就不再去理睬它，使它们不得不把根扎向土壤的深处。有这么深的根，这些树怎么会轻易被风刮倒？"

上述故事中，种树后的"若弃"也就是为了"吾不害其长而已"，"不抑耗其实而已"。郭橐驼的种树智慧就体现在"该出手时才出手，不该出手时坚决不出手"。作为一名教育者，想出手时就出手是一种无知，能出手时不出手是一种冷漠，该出手时才出手是一种智慧。无知的教育是野蛮的教育，表现在不论教育对象是否需要教育、是否能够承受教育，都根据自己的主观臆断实施教育，而且缺乏科学的引领；冷漠的教育表现在当教育对象需要"搀扶"时，教师却袖手旁观，置若罔闻。

审视现实教育，正是教师出手太多，学生过着"日出已作，日落未息"的生活，他们疲于奔命，无暇休息；正是教师出手太多，学生的课表中总是主科太多、副科很少，而且有限的副课也常常被"热心"的教师"侵占"；正是教师出手太多、课堂上教师的话总是很多，学生的话总是很少，学生的"课堂话语权"已经被热心的教师剥夺；正是教师出手太多，教师常常忙于安排，学生总是忙于完成，学生的"生活动手权"也被教师、家长代替……

潜移默化的教育要求教师不能插手太多、不能干涉太多、不能灌输太多，有时候对学生实施"没有影响的'影响'"更是一种教育，而且没有影响的影响往往给学生的影响更加深远。因此，会有人说，当学生意识到你在对他实施教育时，你的教育在一定程度上就已经失败了。

在自由生长的过程中，孩子常常会遇到困难，但困难不应该成为我们随意出手的理由。前苏联教育家苏霍姆林斯基指出："要使孩子从幼小的年龄起，就通过亲身经验体会到生活中有一个叫困难的概念。"而如今，许多家长和教师却简单地将"快乐"与"困难"对立，一切包办代替，用自己的手排除种种"障碍"，认为这样可以给孩子快乐。但过多的关爱在不经意间抑制了孩子的独立积极性，阻碍了孩子独立能力的发展。爱孩子并不意味着要替他承受一切失败和痛苦，替他解决一切问题，这样做的结果只能使孩子缺乏独立面对困难、承受挫折的勇气与能力。著名社会学家、北京大学社会学系教授郑也夫接受搜狐教育频道专访，被问及对子女的培养方法时说："像养花似的，别伺候太勤，给伺候坏了。他是一个生命，有他自己生长的力量，不要小瞧了他自己的生长，无论从身体上还是精神上，你稍微给他一点帮助就够了。"

让我们给孩子成长的空间，让他自己去发展；给孩子成长的时间，让他自己去安排；给孩子成长的工具，让他自己去锻炼；给孩子成长的问题，让他自己去求索；给孩子成长的困难，让他自己去解决；给孩子成长的机遇，让他自己去奋斗；给孩子成长的对手，让他自己去竞争；给孩子成长的权利，让他自己去选择；给孩子成长的目标，让他自己去进取……当你放开双手，把孩子能做的事情还给孩子时，你会发现："顺木之天，以致其性"之下成长的孩子很快乐、很健康、很阳光！二月河的母亲就是借助植物成长的道理让二月河明白了人成长的道理——

二月河幼年时憨厚、讷言，在某些方面还有点反应迟钝。二月河懊恼自己的学习成绩，苦恼地问母亲："我是不是天生就比别人笨？"

母亲把二月河领到院子的花圃旁边，指着那些青翠欲滴的果木，语重心长地对二月河说：娃，你仔细看着这些树木瓜果，记住三句话。

一是丝瓜、豆荚长得快，一晚上就能长一大截，水杉长得慢，但最后长得高、长得壮的是水杉。人不怕成长慢，就怕不努力。

二是丝瓜、豆荚尽管长得长，却靠攀附树木，没有别的树木可攀爬，它就长不成。人不要靠攀附别人，得靠自己。

三是桂花不嫁接，就会丛生，长不成大树；嫁接后，才能长成桂花树。人要学习，通过学习去转换自己，发展自己。

母亲的这三句话让二月河受益终身。无论是在学校，还是在部队；无论是钻山洞建国防工程，还是下煤窑挖煤，他都没怨天尤人哀叹命运不济，而是擦亮心中的理想，坚持不懈，最终厚积薄发，成为知名作家。

我们知道，种树是需要考虑季节的，否则树难以成活或成材。科学研究表明，0—6岁的婴幼儿时期是人生的"栽种期"。日本著名教育家七田真教授通过大量的实验研究发现，人脑在3岁以前完成60%的发育，6岁以前完成90%的发育。科学研究还表明，这一时期是孩子语言、逻辑、身体动作、想象、人际和音乐六种潜在智能发展的关键期。在这一时期对孩子施以适宜的教育和训练，他们能获得最佳发展。那些把刚生下来的宝宝完全交给老人抚养的父母该懂得这样的"种树"之道：如果你的孩子正处在0—6岁的婴幼儿期，你决不能做甩手父母！

而到了孩子上学时，许多"甩手父母"一下子蜕变成为"全陪父母"。从周一到周五的灯下陪读、周六周日的连轴赶场培训接送，唯恐自己的孩子输在"起跑线上"。殊不知,这种教育方法就好比郭橐驼所说的"他植者",导致孩子的天性一天天消失,就像网上流行的那句话一样:聪明伶俐进去,呆若木鸡出来。怪不得柳宗元要发出如此感叹:"虽曰爱之,其实害之;虽曰忧之,其实仇之。"

在教育中,"顺天"也就是孔子一贯在实践中所奉行的"因材施教"原则,"致性"就是心理学的名言"让学生成为他自己"。"致性""让学生成为他自己",即让学生成为全面而自由发展的人,这直接表明了教育的宗旨与目的。然而,在实际教育中,我们常常只看到"全面"而看不到"自由发展",让学生像我、像你或像他,就是不像学生自己,这无疑是教育的悲哀。著名作家冰心曾经呼吁:"让孩子像野花一样自由成长。"这是何等精道的见地!

## (二)知识的生长:"顺木之天,以致其性"

我们应该顺应知识的发展规律,在教学中遵循从无到有、从小到大、从少到多、从点到面、从弱到强的生长规律,发挥知识的整体化、综合化性能。

## 1. 用"生长"理念描绘知识

### (1)知识树可以像"树"

你播下了一颗知识的树种,它会慢慢地长成一棵枝叶茂盛的大树。在这样的知识生长过程中,教师需要做的是积极引导学生自己去理顺知识生长的轨迹,从而不断地画出一棵知识树。这样的知识树可以是一册书的知识树(如图4-1),也可以是一单元的知识树(如图4-2),当然还可以是一节课的知识树，其中比较重要的是一单元的知识树，因为它集中反映了一个知识领域、一个知识板块的整体内容和整体结构。

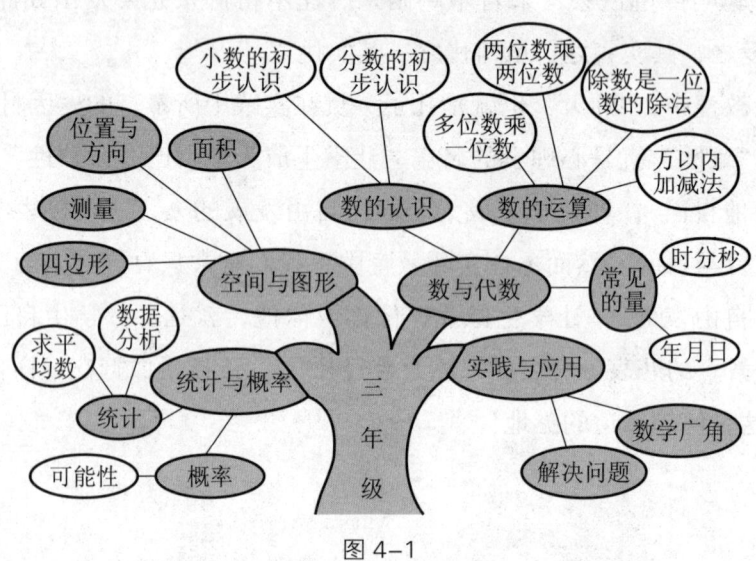

图 4-1

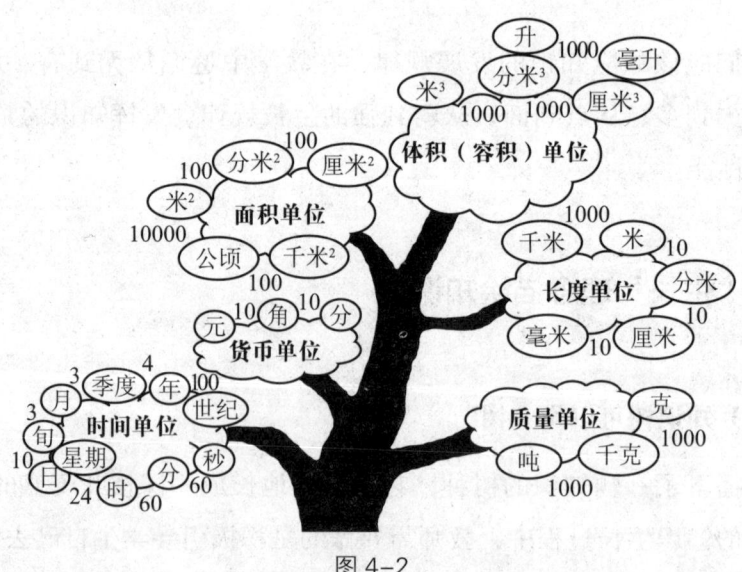

图 4-2

当知识、方法和思想融为一体，就构成了一棵栩栩如生的知识树。

每个主题是主干,每个话题是枝叶,蕴含于基础知识中的思想方法是精髓。知识树有助于学生整体掌握知识,把握好知识间的纵横联系与融合,深刻领会知识的实质,在概念形成、结论推导、问题发现、规律揭示、解法思考的过程中,彰显无穷的生命力。在教学中,许多领域、许多板块的知识都可以通过知识树的形式呈现出来,为此有人编写了一本《小学数学知识树》,由北京大学出版社出版(如图4-3)。

知识树的形成和呈现,许多教师往往只在单元复习时才让它登台亮相,其实,应该在平时随时整理,一点知识学完,知识树也就长高一点或长粗一点;一段知识学完,知识树已经长成。因此,高明的教师会让学生边学习边复习,每天把学到的知识反映在知识树上,或添加、或修改、或调整,最终的成果可以以学生手抄报的形式展示出来(如图4-4)。

不过,对于知识树长出的众多"树杈"我们应该学会选择,因为有些"树杈"已经是知识的末端,而有些"树杈"充满活力,还在不断伸向我们未知的地方。张景中教授在《数学家的眼光》中,引用了陈省身教授在北大讲座中的一段话:"人们常说,三角形内角和等于180°,这是不对的!"大家愕然。陈先生对大家的疑问做了这样的解

图4-3

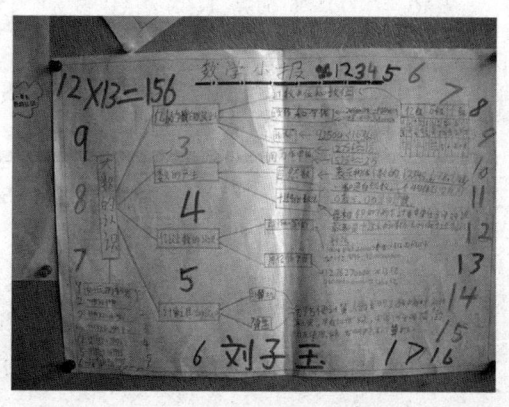

图4-4

答:"'三角形内角和为180°'不对,不是说这个事实不对,而是说这种看问题的方法不对。把眼光盯住内角,我们只能看到:三角形内角和是180°;四边形内角和是360°;五边形内角和是540°;……n边形内角和是$(n-2)\times 180°$。我们应当说'三角形外角和是360°'。因为这对于一切多边形都对,从三角形推广到任何一个多边形,外角之和都是360°,甚至对闭合曲线也对。"我们既要看到知识树枝繁叶茂的一面,也要看到另一面,或许就能发现一些深藏不露、跳出常人思维的知识之"性质"。

知识树可以越长越高,知识树也可以越长越多,同种类知识树可以集中种在一起,"共生"成一片知识林。走在知识林中,学生更容易发现知识的特性,也更容易发现知识之间的共性,从而更容易理解和掌握知识。例如除法知识、分数知识、比的知识,虽然身处不同的知识单元中,大体可以将其看作一棵棵有着各自根系的知识树,但它们有着相同的知识基因和知识领域,所以把它们种在同一块土地上(如图4-5),有利于学生整体性学习。

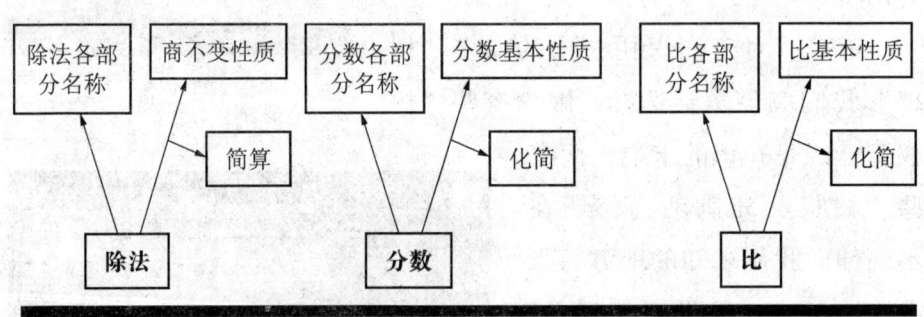

图4-5

**(2)知识树可以不像"树"**

就像图4-4那张手抄报那样,知识树未必一定要画成一棵树的样子,我们常见的知识纲要图也就是一棵知识树。例如"长度单位之间的

四、"种树"对教育的启示

进率"知识可以画成这样的线状图（如图4-6），它就相当于一棵知识树；我们还可以用梯状图代替知识树来展现知识的线索、层次与关系（如图4-7）；甚至我们还可以用手形代替知识树，把知识手到擒来（如图4-8）。

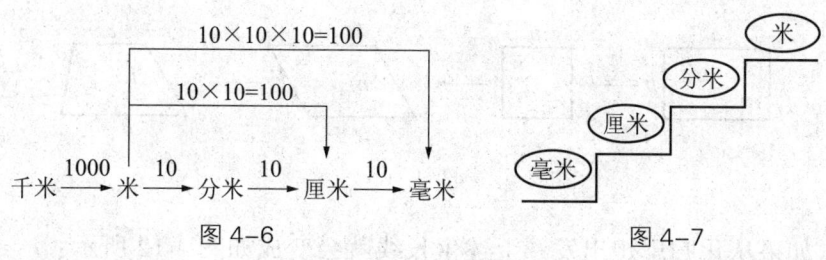

图 4-6　　　　　　　　　图 4-7

在教学中，知识之间往往是纵横交错的，并不都是简单地单向生长。例如"多边形面积的整理"，按照教材的编排体系以及多边形面积的推导过程，需要用网络图来勾画（如图4-9）。有一位教师把它左转90°，形象地变成了一棵知识树（如图4-10），并引导学生做这样的观察：从下往上看，看到知识的"结蒂"过程，感受知识的生长，从上往下看，看到知识的"结底"过程，感受知识的转化。①

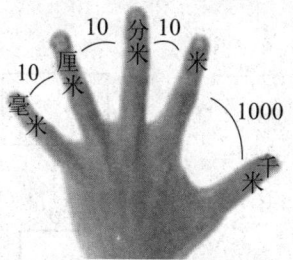

图 4-8

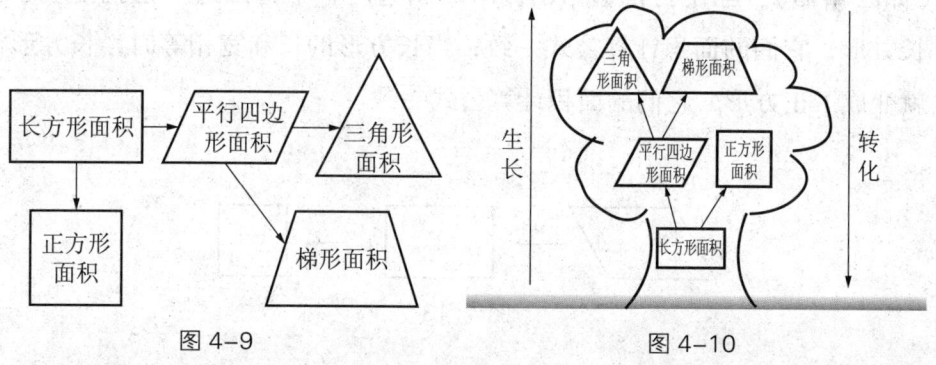

图 4-9　　　　　　　　　图 4-10

---

① 包静娟. 复习课，奏响经验改造三步曲［J］. 小学数学教师，2013（10）. 有改动。

对知识树的横看竖看、上看下看，观察角度不同，或许就会看到不同的知识风景，领会不同的知识含义。例如，如果按照教材编排顺序，也就是学生学习的顺序，四边形之间是这样生长的（如图4-11）：

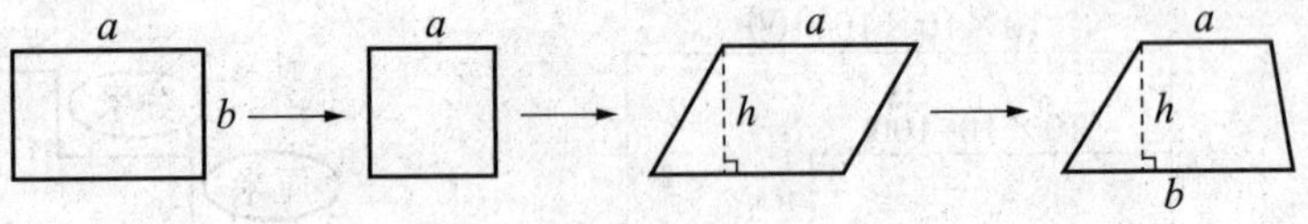

图4-11

如果从化归思想出发，上述生长线就会变成如图4-12所示：

图4-12

如果我们再换一种观察思路，还可以发现这样一种知识生长方式（如图4-13）：当平行四边形的高等于斜边时，平行四边形也就变成了长方形，它们的面积计算公式一致；当长方形的长和宽相等时，长方形就变成了正方形，它们的面积计算公式一致。

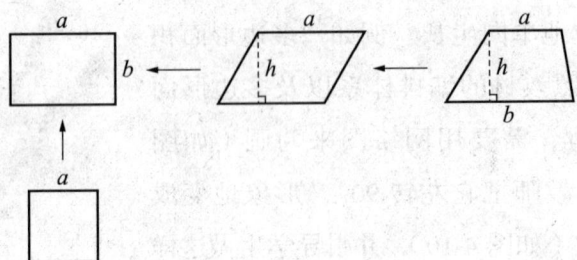

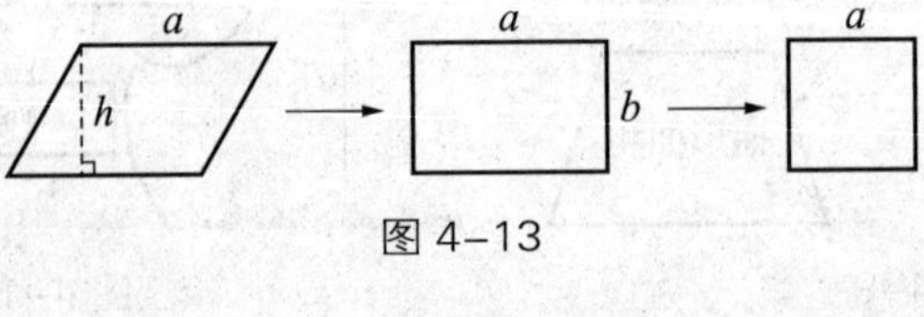

图4-13

另外，平行四边形、三角形的面积计算公式与梯形面积计算公式之间也有着多种生长路线。从教材提供的计算面积公式推导方法（把相同的2个三角形或梯形拼成1个平行四边形）来看，它们之间的关系就如图4-14所示，平行四边形的面积计算公式成了可生长出三角形面积计算公式和梯形面积计算公式的"树根"。

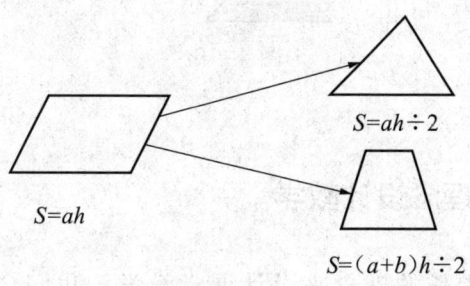

图4-14

如果从面积计算公式之间的关系来看，记住了梯形面积计算公式，也就记住了平行四边形和三角形的面积计算公式，于是知识树又可以长成图4-15这样，梯形的面积计算公式"摇身一变"成了生长出平行四边形面积计算公式和三角形面积计算公式的"树根"。

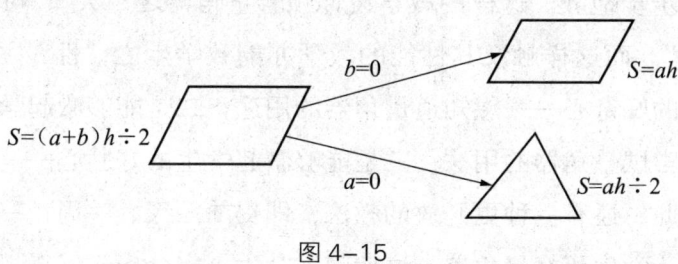

图4-15

同一"树根"长出的"树杈"形状各不相同，例如梯形的面积公式在几何领域可以变异为圆环面积的计算方法，在代数领域可以变异为等差数列的加法计算方法，在生活领域还可以变异为钢管堆积数的计算方法（如图4-16）。

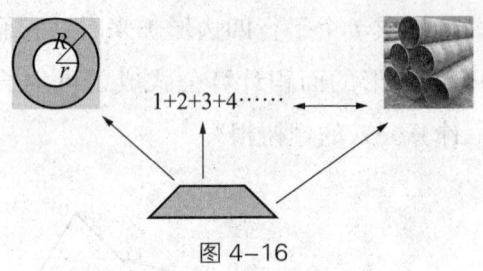

图 4–16

## 2. 用"生长"理念设计教学

如果用知识生长的理念来设计课堂教学,我们会发现这样的课与常规课大不同。例如"角的度量"一课,我们可以不拘泥于教材而按照"量角器为什么会长成这个模样"来设计全课,学生明白了量角器的发明过程和制造过程,也就了解了量角器的构造;了解了量角器的构造以后,学生也就学会了量角器的用法,最终角的度量问题也就迎刃而解;一旦学生掌握了量角器的原理,操作也就能得心应手,无须教师手把手、一步步地教。这样的教学设计顺着量角器之"天",可以致量角器之"性"。而这样触及其性能的教学亦能致学生之"性":一是能够激起学生的好奇心——想知道量角器的用途;二是能够激起学生的好动心——想尝试量角器的用法;三是能够激起学生的好胜心——想用好量角器。对此,还有一种更开放的教法,即提前一天、一周、一月甚至一学期,就让学生买好量角器,这期间,学生一定会出于好奇心、好动心和好胜心而去琢磨用途、交流用法,随着时间的推移,学生熟能生巧,就无须教师再教。由此,我想说,生"活"的过程——让学生活动起来,同样可以达到生"长"的目的——让学生增长知识。

上述例子还告诉我们,知识的生长与学生的生活息息相关。知识可以植根于知识的血缘脉络中,还可以植根于知识的生活应用中。美国教育家杜威提出:教育即生长,教育即生活,教育即经验的不断改组和改造。在《民主主义与教育》一书中,他专门设置了"教育即生长"一章,指出:"(生长是)朝着后来结果的行动的累积运动""未成熟状态就是指一种积极的势力或能力——向前生长的力量"。杜威全面论述了教育的生长原则:"生活是生长的特征,所以教育就是不断地生长。""判断学校教育的价值和标准,就看它创造继续生长的愿望到什么程度,看它为实现这个愿望提供方法到什么程度。"在课堂教学中,知识的生长性、知识的生活性也就是知识之"天性",我们还可以顺着知识的生活性来设计教学。

许多知识的"生活史"也就是它们的"生长史"。例如量角器的发明就是由于生活中度量角的需要;又如时间(时、分、秒)的进率为什么选择60呢?史学家通过考证认为,"在100以内的自然数中,60的因数最多",这样可以使许多有关时间的运算(特别是古代有关历法的计算)变得十分简便。由此可见,知识是为生活服务的。

时间的单位是"时",角度的单位是"度",从表面上看,它们完全没有关系。然而,有意思的是,如果我们进一步对这两个似乎互不相关的知识刨根问底的话,就会发现它们竟然也是"同根生"。它们为什么都分成"分""秒"等名称相同的小单位?为什么又都用六十进位制?这要更多地追溯它的生活史。原来,古代人由于生产劳动的需要,要研究天文和历法,这样就涉及时间和角度了。譬如研究昼夜的变化,就要观察地球的自转,这里自转的角度和时间是紧密地联系在一起的。因为历法需要的精确度较高,时间的单位"时"、角度的单位"度"都太大,必须进一步研究它们的小数。时间和角度都要求它们的小数单位具有这样的性质:使$\frac{1}{2}$、$\frac{1}{3}$、$\frac{1}{4}$、$\frac{1}{5}$、$\frac{1}{6}$等都能成为它的整数倍。以$\frac{1}{60}$作为单位,就正好具有这个性质——"在100以内的自然数中,60的因数最多"。譬如$\frac{1}{2}$等于30个$\frac{1}{60}$,$\frac{1}{3}$等于20个$\frac{1}{60}$,$\frac{1}{4}$等于15个$\frac{1}{60}$……数学上习惯把

这个 $\frac{1}{60}$ 的单位叫作"分",用符号" ′ "来表示;把 1 分的 $\frac{1}{60}$ 的单位叫作"秒",用符号" ″ "来表示。时间和角度都用分、秒作小数单位。

这个小数的进位制在表示有些数字时很方便,例如常遇到的 $\frac{1}{3}$,在十进位制里要变成无限小数,但在六十进位制中就是一个整数。这种六十进位制(严格地说是六十退位制)的小数记数法在天文历法领域已为全世界的科学家所接受。当学生知道了这一知识"真相",也就明白了时间和角度是六十进位制这棵"树根"上长出的两根"树杈"。

### 翰"师"明言

教书,应按知识的生长规律办事;育人,应按学生的成长规律办事。唯此,教师才能教好书、育好人、办好事。

# 五、"推销"对教育的启示

## ——怎样让学生心甘情愿地接受任务？

商品推销是指以满足顾客需要为出发点，主动运用各种信息交流手段和技术，向顾客传递商品的有关信息，并使顾客接受与购买商品的全部活动及整个过程。推销是一门技术，更是一门艺术，只有掌握了策略和技巧，赢得顾客的理解、好感和支持，才能把商品推销出去。

教育教学也是一门技术，更是一门艺术，这一点与推销相通。现在有人把"班级管理"说成"班级经营"，把"课堂教学"说成"课堂经营"，可能就是出于这样的隐喻。

可以说，教育是教师向学生"推销"正确思想的过程，教学是教师向学生"推销"准确知识的过程。一个完整的推销活动一般包括"市场调查—当面交谈—处理异议—达成交易—售后服务"等几个步骤，与此类似，在学校里，一个完整的思想教育活动一般包括"病情调查—当面交心—处理异议—达成理解—过后联系"等几个步骤，一个完整的知识教学活动一般包括"学情调查—当面交流—处理异议—达成理解—过后练习"等几个步骤。不过，我们需要明白，不管是商品推销还是思想"推销"或知识"推销"，都需要顾客和学生心甘情愿地接受，这样推销才算成功。具体而言，教师应该好好研究两个方面的"推销"艺术。

## （一）让学生愿意接受教师交给的学习任务

## 1. 别让孩子轻易说"不"

### （1）不轻易让孩子说出"我不要"

曾经看到这样一则推销故事——

西屋公司推销员爱力逊负责的推销区域住着一位有钱的大企业家史密斯先生。公司极想卖给他一批货物，过去那位推销员几乎花了10年时间，却始终没有谈成一笔交易。爱力逊接管这一地区后，花了3年时间，史密斯先生才买了几台发动机。他想：如果这次的买卖做成，发动机没有毛病，以后就可以向史密斯先生推销几百台发动机了。可是，他高兴得似乎太早了，史密斯先生见到他就说："爱力逊，我们不能再多买你的发动机了。"

他心头一震，就问："什么原因？"

史密斯先生说："你们的发动机太热，我不能将手放在上面。"

爱力逊知道如果跟他争辩不会有任何好处，过去就有过这样的情形。现在，他想运用让他说出"是"的办法。

他对史密斯先生说："你所说的我完全同意。如果我们的发动机太热，你就别买了。你当然不希望它的温度超出电工协会所制定的标准，是不是？"

爱力逊获得了第一个"是"。爱力逊又说："电工协会规定，一台标准的发动机可以比室内温度高出22℃，是不是？"

史密斯先生说："是的，可是，你们的发动机却比这个温度高。"

## 五、"推销"对教育的启示

爱力逊没和他争辩，只问："工厂温度是多少？"

史密斯先生想了想，说："大约24℃。"

爱力逊说："这就是了——工厂温度24℃，再加上应有的22℃，一共是46℃。如果你把手放进46℃的热水里，是不是会把手烫伤？"

史密斯先生仍然说"是"。

爱力逊接着说："史密斯先生，你别用手碰那台发动机，那不就行了？！"

史密斯先生接受了这个建议。他们谈了一阵后，史密斯先生把秘书叫来，订了差不多30000美元的货物。

上述这个推销商品的案例中，推销员先想方设法不让客户说出"不"，然后才慢慢摆事实、讲道理、谈感情，让客户自己改变原有看法并欣然接受商品推销。奥弗斯德教授在《影响人类行为》中说过："一个'不'字的反应，是最不容易克服的障碍，当一个人说出'不'字后，为了自己人格的尊严，他就不得不坚持到底。"由此可见，命令或辩驳并不是一个聪明的办法，我们要从顾客的角度去思考问题，设法让顾客回答"是"，这才是聪明的做法。

在教育教学中，我们也不要让学生轻易说"不"，否则之后再想改变他的态度可能会更难，尽管他最终也发现自己是错的，但为了保全颜面，他可能会选择固执己见。例如，教师提出一个比较难的问题后，有的学生望而生畏，用"不好想"回绝；有的学生浅尝辄止，用"想不好"回答。一旦学生脱口说出了"不"，此后尽管学生自己想明白了，也常常不肯主动收回自己说过的话。因此，教师应该给学生充足的思考时间，别逼着学生立马回答，从而避免学生轻易地说"不"。

### （2）不轻易让孩子说出"我不能"

在现实生活中，还有一些人说出的"不能"并非真正的不能，而是"不想"，这属于主观不积极的行为懒惰和思想懒惰。曾经有人指出"我不能跟同事和睦相处""我不能和丈夫沟通""我总是不能戒掉烟瘾""我不能抽出时间去检查身体"……这些脱口而出的话其实都是"病句"，应该用"不想"的地方都错用了"不能"。如果你有能力选择一种生活方式或有能力去改变一种状态却没有行动，那么你并非"不能"而是"不想"。心理学家弗兰克·米尔斯写过一本书《幸福是一种选择》，其中讲到他治疗抑郁症的诀窍——跟患者谈话的时候，要求他们把"不能"换成"不想"。渐渐地，病人们开始意识到自身的力量和责任，不再回避现实，郁闷的情绪自然就没有了。如果用"不想"替换上面那些句子中的"不能"——"我不想跟同事和睦相处""我不想和丈夫沟通""我总是不想戒掉烟瘾""我不想抽出时间去检查身体"……现在你是不是有了新的感受？

在教育中，教师也要注意不要让学生用"我不能"来推脱你交给他们的任务，而要意识到这可能是他们"我不想"的托词。一旦学生说出了"我不能"，我们首先应追问学生"你想不想"，以此来判断学生有没有接受任务的热情，然后再追究学生"你能不能"，以此来判断学生有没有完成任务的能力。也就是说，我们首先要弄清楚学生的"不能"是属于态度问题还是能力问题，然后才能决定下一步教育的对策。

有些喜欢逃避做事、逃避挑战、逃避责任的学生总是把"我不能"挂在嘴上，长此以往可能会形成"我不能"的消极心理暗示，不利于他们积极参与班级活动和学习活动，例如不愿承担班级的劳动任务，对学习探索任务不感兴趣。因此，教育教学首先要做到让学生不说"我不能"，而能够充满热情、充满自信地说"我想做""我能做"和"我想行""我能行"，在如此健康的心态下，学生才能不怕辛苦、不怕困难。

## 2. 别对孩子轻易说"不"

### (1) 不能对孩子说"你不能"

为人父母、为人师者不要轻易让孩子对你说出"不"字，如果父母或教师对孩子说"不"，结果又会怎样呢？孩子真的会"不"吗？我曾经看过一部忘记了片名的电影——

数九寒天，滴水成冰，学校管理员在楼前的铁栏杆上贴了张纸条：不许用舌头舔。结果第二天早晨，让人瞠目结舌的一幕出现了，栏杆前齐刷刷站着一排学生，个个低着头，撅着屁股，红彤彤的小脸紧贴着铁栏杆。原来，他们的舌头都被牢牢地冻在了冰冷的铁栏杆上。

我们暂且不论电影中的情节是否真实，现实中确实存在着这样的心理效应：越是不许孩子做的事，他们往往越要去做。有的是出于好奇心，有的是盲目跟风，还有的则是逆反心理作祟——"你对孩子说'不'+孩子对你说'不'=孩子以前所未有的热情去干你说'不'的事情"。

例如在家庭生活中，父母不许孩子看电视、不许孩子玩电脑、不许孩子打游戏、不许孩子早恋……可结果多半是适得其反。有位家长为了防止孩子在家偷玩电脑，想了无数办法：将有电脑的房门锁上，在电脑上设置开机密码……但所有的招数都被孩子一一破解了，他悄悄配了把房门钥匙，一次次成功地破解父母费尽心机设的密码。这位家长不但没能管住孩子玩电脑，反而刺激孩子花更多的时间和精力去"探险"。

有位母亲就很聪明，懂得青春叛逆期孩子的心理，采用了"反其道而行之"的教育策略，获得了"负负得正"的教育效果，让不想读书的女儿读自己想让她读的书——

我买了几本既适合女儿读又可以提高她写作能力的小说,把这些书放在了书架里。那天,我指着书架告诉女儿:"孩子,你不是想利用暑假看点儿课外书吗?我书架里的书,除了这几本之外,其他的书你可以随便看。"女儿不置可否地拿了两本我准许她看的书翻了翻,又放了回去。我注意到她的目光久久地停留在我不让她看的那几本书上。

几天后,我发现女儿看过那些我不让她看的书了,因为我在那几本书中做的"记号"被动过了。我暗自高兴,实际上那几本书正是我最想让她看的。①

禁书,往往是最畅销的书;禁言,往往是最诱惑人的话。父母或教师对孩子说的"不",有时候恰恰在提醒和激励孩子"要"。如果用好了,这也可以成为一种很好的"推销"知识的技巧。

### (2) 不妨问孩子"你能不能"

推销商品时,推销员常常会以"请你帮我个忙"来博取顾客的友情支持,此时顾客虽然不想买,但也可能会出手相助,这也是一种推销策略,打的是人情牌。人情牌是一张屡试不爽的教育"通行证",教师如果想让学生做某件事情,有时也可以用"请你帮我个忙"来与学生商量,例如"你能不能帮老师打扫一下厕所呀?",此时学生大多会很乐意地去干大家都不想干的苦差事。首先,问话中的"能不能"让学生明白自己是"能"的,如果回答"不能"只会显示出自己其实是"不想",明摆着思想不积极;其次,"帮老师"让学生有一种被重视的光荣感。所以,帮老师做事,学生往往乐此不疲。教师应该学会这一招:"你能帮老师擦

---

① 晴川. "反其道而行"与女儿过招 [J]. 家长, 2012 (Z1). 有改动。

## 五、"推销"对教育的启示

一下黑板吗？""你能帮老师发一下本子吗？""你能帮老师宣布一下作业吗？""你能帮老师批改一下作业吗？"教师能做的事情或者本该由教师做的事情，却请求学生帮忙，是为了让学生感觉老师已经把他当成了"自己人"，最终心甘情愿地跟着老师好好做事、好好学习。

**（3）不阻止孩子问"我能不能"**

推销商品时，顾客常常喜欢讨价还价。有两家店，商品称重的时候，一家店先放上去很多，然后慢慢拿掉，而另一家店先不称足，然后慢慢加满，结果后一家店生意兴隆。从心理反应上看，"先多后减"与"先少后加"这两种推销方式相比，无疑后一种更让顾客感觉舒服。这一推销技巧也可以用到教学中，有一些精明的教师在布置作业的时候，抓住学生希望作业越少越好的心理，故意先多布置几题，然后在学生愁眉苦脸地"讨价还价"——"能不能少一些"时慢慢减少几题，看到老师那么照顾大家，学生大多会在感动中快乐地接受教师布置的作业。

推销商品时，为了能够吸引顾客或感谢顾客购买了商品，许多商家会设计一些小奖品或赠送一些小礼物。尽管这样的奖品或礼物很"小"，但因为是奖的、送的，"礼轻情意重"，顾客大多会有温暖的感觉。当然，在这样的奖品或礼物上常常印有商品广告。在课堂教学中，聪明的教师也会把一些写有习题的奖品或礼物，甚至直接把一些习题当成"奖品"或"礼物"，奖给或送给一些表现好的学生。尽管它本质上是习题，但因为"销售"渠道不同，让学生有了一种特别的感觉，所以常常会有学生要求："老师，你能不能也送一张给我？"要做到"能"，教师眼里就不能只有对好学生的褒奖。可以事先准备一些有针对性的题目，在课上找机会奖给或送给一些学习比较差但有进步（哪怕是一点点进步）的学生。尽管做这些题目本质上属于补课，但因为是奖品或赠品，不会让人有"不好"的感觉，反而成了人人都想要的"补品"。

奖励常常能把原本对孩子"你能不能读书"的要求，不露痕迹地变成孩子反过来的要求——"我能不能读书"。有一位语文教师,平时经常"推销"一些优秀的课外书给学生阅读,但总有一些学生懒得读,让老师颇感头疼。后来她心生一计,事先开出书单让家长偷偷购好书交给自己。然后她找机会或创造机会,只要看到哪些学生有好的表现,就立马签名赠书。当一个学生拿到老师奖励的书,其他学生就会纷纷索求,教师抓住时机要求得奖的学生认真阅读,否则会收回奖品另奖给别的学生。获奖学生的心情可想而知,他会把书当成宝贝,藏好并读好。

## (二)让学生愿意接受教师交给的知识任务

我们都知道,商家在商品推销前首先要做市场调研,进行顾客需求审查和顾客购买力评价,然后决定要不要、能不能投放,如果投放,投放多少、怎么投放都需要根据市场的需求和顾客的购买力来决定。知识教学同样如此,也要事先做学情调研,看一看学生有什么、能做什么,再看一看学生要什么、想做什么,然后决定怎样包装知识、怎样投放知识,在感情体验上让学生能够"心满",在知识收获上让学生能够"意足"。

商品推销注重顾客至上,除了要满足顾客需要之外,售后服务也要让顾客满意。在教学中,"推销"的知识质量(即教学的内容)以及知识的"推销"质量(即教学的形式)也要让学生满意,这是评价教学效果时很重要的一点。有一种有"质量"的教学,做法是让学生学"有用"的知识。

有一个推销理论叫"利益接近法",是指推销人员利用顾客求利的心理,强调商品能给顾客带来的实质性利益而引起顾客的注意和兴趣,以达到接近顾客的目的。我曾经在《环球人物》2012年第19期上看到张小平写的一篇题为"第一的秘诀"的文章——

五、"推销"对教育的启示

20世纪70年代,日本有家玻璃厂为了扩大安全玻璃的市场,聘请了营销专家佐藤来给业务员做指导。经过考量,佐藤决定先向优秀的业务员取经,再做具体指导。

松田是公司最优秀的业务员,年年业绩都是第一。于是,佐藤跟松田跑了3笔业务,很快发现了他的独特方法。原来,每次去谈生意,松田除了要带上安全玻璃,还会带一把铁锤子。见到客户,松田便先问对方:"你相信我们安全玻璃的质量吗?"对方如果说还不太了解,他就把玻璃摆出来,然后举起锤子用力砸下去。客户看见玻璃真的丝毫无损,接下来便十分愉快地谈起了合作。佐藤很快把松田的这套推销秘诀公之于众,并强调说:"懂得抓住客户对质量存疑的心理,巧妙地做现场展示,这正是松田成为冠军的法宝。"

很快所有业务员都掌握了这套方法,果然很有效。到了年底,佐藤注意到松田的业绩仍然遥遥领先,不禁疑惑地问:"现在大家都用上了你的方法,为何你还能保住第一呢?"松田笑了,说:"原因很简单,你把我的做法公开后,我就开始改进方法,这样才能保证和大家不同。后来我把锤子交给客户去砸样品,这样一来他们就会更加信赖我们的产品了!"

从上述优秀推销员的做法中我们不难发现,掌握顾客的心理是多么重要。在教学中,教师要很好地"推销"知识,让学生乐于接受,掌握学生的学习心理也很重要。那么,学生的学习心理是怎样的呢?

## 1. 让学生看到"有用"的知识

松田推销商品的第一招是"现场展示"——自己亲手砸样品,让顾客知道购买的商品有什么用。这一条推销经验对教学的启示是:学生在接受知识前,有着想了解即将学习的知识对自己有什么用的心理需求。

知识的用途不外有两点:一是可以帮助学生更好地生活;二是可以帮助学生更好地深造。在学生学习之前,教师告诉学生即将学习的知识有什么用,将会有效地激发学生的学习欲望。而我们如今的课堂教学,对知识的引入往往只注重有趣,常常创设好看、好玩的情境来激发学生的学习兴趣,然而这种兴趣是外加的,只能维持一时。学生只有了解了知识的有用之处,学习的兴趣才会成为内需,并能维持一世。所以,我们应该努力从教学伊始就明示知识的用途,而不是等到一节课即将结束时的练习阶段才知道知识有什么用。用知识的实用价值或思想价值来"推销"知识,这样的教学才是有价值的。如果用这样的"推销"理念来指导教学设计,那么我们就可以改变原来的教学模式,把原本放置在新知识学习之后课尾练习阶段的知识应用前置到课首知识导入环节,也就是把原来的"学以致用"变成"用以致学",这样可以从根本上解决学生学习需求不足的问题。

如果我们采用"用以致学"的设计思想,那么就应该给教学安装这样的"驱动程序":首先,教师提出一个生活问题或者一个知识任务,学生为了解决这个生活问题或者完成这个知识任务,就必须学习新知识。掌握了新知识,再回过头来解决之前提出的生活问题或者完成之前提出的知识任务,这样的课堂教学就呈现出一种前后呼应的格局。需要注意的是,教师提出的生活问题必须让学生感到有用,提出的知识任务必须让学生感到有劲。在这样的教学模式中提出的生活问题或知识任务其实是为学生提供学习目标。

**(1) 提出一个有用的生活问题**

例如,"图形覆盖现象中的规律"一课,例题(见图5-1)中的求和问题只是为了框数这一操作方式而设计的,为数学而数学,没有实际的意义。怎样让框数这一行为变得有实际意义呢?

# 五、"推销"对教育的启示

**例 1** 下表的红框中两个数的和是3。在表中移动这个框,可以使每次框出的两个数的和各不相同。

| 1 | 2 | 3 | 4 | 5 | 6 | 7 | 8 | 9 | 10 |

(1) 一共可以得到多少个不同的和?

图 5-1

一位教师设计了"彩票问题"作为情境导入——"在开出的一组数字中选对两个连续的数字,可以中五等奖。"此时,框数就成了一种解决实际问题的自觉行为。把"彩票问题"作为一种生活任务,可以驱动学生为了解决生活中的实际问题而研究其中蕴藏的数学问题。不过,"体育彩票开奖"的生活问题不是所有学生特别是农村孩子都熟悉的,所以把"体育彩票开奖"设计成"任务"还不理想,因为它离学生的实际生活还比较远。

又有一位教师设计了"电影票问题"作为情境导入——"在100张电影票中选择两张连号票,一共有多少种选法?"结果学生凭直觉一下子说出了正确答案,其原因是这样的"任务"缺乏挑战性。

还有一位教师设计了"旅游问题"作为情境导入——"小明一家准备在今年暑假组织一次五日游,在安排日程时,小明一家能有多少种选择?这样的"任务"就比较合适,一是"旅游问题"比"彩票问题"更贴近学生的实际生活,二是"五日游"比"两张连号票"更具有挑战性,学生会主动采用化难为易的策略,从较少的一组日期数(例如1—10十个数)、每次框较少的数(例如每次框两个数)开始研究,从中寻找规律,然后运用发现的规律去解决生活问题,最终完成教师提出的任务。在完成任务的过程中,学生不仅知道了知识是什么,还知道了知识有什么用,并知道了用什么科学方法来解决问题。整个学习过程,不仅显示了规律本身的实用价值,而且突出了"找规律"的过程价值。

(2) 提出一个有劲的挑战任务

例如,在教学"认识线段"之后教学"认识厘米"之前,教师可以预先设计这样的任务——让学生画一条长 5 厘米的线段。学生对任务中的新名词"厘米"可能似曾相识，因为在生活中或多或少会听到或看到（例如直尺或三角尺上的厘米刻度）"厘米"，学生会通过自学教材进行知识的确认，从而使原来模糊的认识变得清晰，并会积极动手操作尝试。正式上课时，教师就可以根据学生完成任务的情况相机导入和导出所教知识。又如教学"圆柱的认识"之前，教师可以布置给学生用硬纸板做一个圆柱的活动任务。

## 2. 让学生体验"会用"的学习

松田推销商品的第二招是"现场体验"——让顾客亲手砸样品，让顾客自己知道购买的商品有什么用。这一条推销经验对教学的启示是：学生在接受知识时，有着想亲自试验知识、体验知识和检验知识的心理需求。

### （1）设计一种有学问的学习活动

当学生明确学习任务和学习目标之后，一旦确定前进的方向，前进的方式方法应该让学生自己去确定，设计怎样的探究程序、沿着怎样的探究路线、采用怎样的探究行为、寻找怎样的探究工具、安排怎样的探究活动、组织怎样的探究团队等一系列问题都应该让学生去试验、去体验、去检验，只有学生自己去"做""学""问"，知识才会成为学生自己的知识，学习才会成为学生自己的学习，他们才能真正理解知识的意义、掌握知识的奥秘、相信知识的价值。

例如前述"图形覆盖现象中的规律"一课，提出生活问题之后，可以让学生自己去琢磨、推敲解决方案，根据以往的经验，许多学生会采用一一列举或一一连线的方法，教师只需要在学生汇报时突出这些方法的有序性与方向性，把静态的知识演变成动态的知识，从而过渡到框数

五、"推销"对教育的启示

这种解决问题的操作工具。

又如"表面积的变化"一课，如果用任务驱动式来设计，我们可以把最后属于知识应用的"包装问题"前置，使之成为一个挑战性"任务"，让学生将"10盒火柴，怎样包装最节省包装纸"这一研究任务转化成数学问题"10个长方体，怎样摆拼表面积最小"的研究活动。接着，应该让学生自己去研究，此时，学生根据经验自然会采用从简单到复杂、从特殊到一般的研究思路，正好与教材编排的三个层次的活动衔接。

另外，在商品推销中，精明的商家常常会设计一些需要顾客"脑筋急转弯"的广告，例如一瓶饮料上写着"加50%的量"，而另一瓶饮料上写着"降33%的价"，又如一件衣服上标着"先打八折，再打八五折"，而另一件衣服则直接"打六折"，哪一种价格更便宜，需要顾客有较好的数学功底。如果教师把这些知识含量和思维含量高的促销广告引入数学教学中，代替例题或习题，无疑学生更容易接受这样的知识任务，因为学生在计算这些数学问题的同时还抱有一种一探究竟的心理。

**(2) 设计一种有品质的学习活动**

商品推销是否顺利、能否成功在很大程度上取决于商品的档次，知识"推销"是否顺利、能否成功同样在很大程度上取决于教学的档次。首先，商品讲究品质，教学也讲究品质，教师应该通过丰富教学材料、打磨教学细节、挖掘教学内涵，激活学生封存的记忆，提高学生的学习品质；其次，商品讲究品位，教学也讲究品位，教师应该通过提升教学意旨、深化教学思想、加强教学底蕴，唤醒学生沉睡的潜能，开启学生幽闭的心智，提高学生的学习品位。

有品质和有品位的商品才能成为品牌。品牌商品视质量和信誉为生命，不会弄虚作假欺骗顾客。在"推销"知识时，教师的诚信也很重要，不能为了激发学生的积极性而弄虚作假欺骗学生。例如为了引出"分数的认识"教学中的分蛋糕情境而随意地编造"今天是老师的生日";又如有的教师在课上答应奖励学生,结果至下课都没有兑现承诺,让学生失望。这些谎言尽管不是恶意的,却会让学生对教师的言行产生怀疑和反感,最终有损教师的教学形象和教学质量。

**(3) 设计一种有艺术的学习活动**

商品推销离不开广告。广告可以引起更多顾客的更多注意,但做广告也是需要艺术的。我曾经看到这样一例别出心裁的广告——

英国著名小说家毛姆成名之前,生活非常贫困。他虽然写了一部很有价值的书稿,但出版后无人问津。为了引起人们的注意,毛姆别出心裁地在各大报刊上登了如下的征婚启事:"本人喜欢音乐和运动,是个年轻又有教养的百万富翁,希望能和毛姆小说中的主角完全一样的女性结婚。"几天之后,全伦敦的书店都买不到毛姆的书了。

知识"推销"也需要做广告,以引起学生的关注,但如果只是教师一味地强求学生多看看、多做做,学生很容易厌倦甚至反感,对教师的指令阳奉阴违,一旦教师不盯着,学生就会偷偷做其他的事。高明的教师会把"推销"知识的广告植于无形,例如有一位教师通过对学生咬耳朵说悄悄话来"推销"知识复习——

复习课上,我喜欢跟我的学生说悄悄话,刻意通过他的口渲染效果!那天上课时,我刻意提高声音对何爱说:"我要悄悄地告诉你一个秘密!"随后我和她轻声耳语一番,故意告诉她第三节语文课上,我要抽查第三单元的知识点,让她事先做好准备。过后我又虚张声势,大声叮嘱:"我只告诉你一个人,千万别走漏风声!"我猛地一转身,发现其他学生都全神贯注地看着我俩,而且都竖起耳朵、伸长脖子在听。嗯,吊

五、"推销"对教育的启示

起所有同学的胃口,这达到了我的预期效果。因为我知道,我越是不让他们知道的信息,他们越是想知道。我明明白白地告诉他们,他们反而不听。

图 5-2
(本照片由无锡市云林小学包晓燕提供)

事实证明我是对的,就一堂课的工夫,我们班全都知道了我俩的"秘密"。等第三节课我来抽查时,他们早已"万事俱备"![1]

上述案例中,教师充分利用学生强烈的好奇心,刻意地将一些信息通过公开说"悄悄话"传递出去,达到了很好的效果。此法对于那些平时贪玩、学习不自觉的学生尤其有效,而对于那些学习基础不够扎实、缺乏自信的学生效果也很明显。

一位语文教师有一次发现一个学习不认真、成绩比较差的学生在平时的检测中突然考出了高分,感到很奇怪。经过调查,他发现原来是自己前几天下班时把样卷忘在了办公桌上,正好那天卫生值日的这个学生进办公室放钥匙时看到了,这个学生连忙回家进行"针对性"复习。这位教师并没有批评学生的作弊行为,反而以奖励他的诚实为名,与他私

---

[1] 本案例由江苏省镇江市扬中实验小学许菊芳提供。

下订了一个约定——每次单元检测前一周，允许他看一看样卷进行针对性复习。结果，这个学生盼望着考试"考"出好成绩，让自己能在同学面前长脸。每一次的考试、每一次的考前"偷看"促使他主动去复习知识、补习知识，考的次数越多，复习和补习的次数也越多，知识也就掌握得越扎实，考试分数的含金量也就越高。到后来，差生不差了，也就不再需要偷看考卷了，教师圆满地完成了知识的"推销"使命。

考试除了甄别功能，还有检测功能，学习过程中的一次次阶段性考试都是为了检测学生阶段性学习的情况，查漏补缺，以便在以后的教学中更好地"推销"知识。知道了这一点，我们应该把平时的考试更多地看作"试考"，考试只是一种手段而不是目的。由此考察上述教师的"考试作弊"行为，可以看出其是向特殊的学生"推销"知识的一种非常手段。不过，这一"特技"有一定的风险，教师须谨慎使用。

当然，教师也可以堂而皇之地做广告"这次考试的范围在这些提纲中""这次考试的范围在这些题目中""这次考试的范围从课本的第几页到第几页"……估计在考试之前的几天里学生都会主动而认真地看完那些提纲、做完那些题目、翻完那些书页，内容再多也不会叫苦叫累，反而在心里会感谢老师的"广告"，让自己不必大海捞针就能考出好成绩。

> **翰"师"明言**
>
> 要让学习活动"生意兴隆"，首先要让学习符合"生"意——学生的意愿，然后要让活动具有"生"意——生活的用意。

# 六、"美食"对教育的启示

## ——一堂课怎样上得"有滋有味"?

在生活中,我们经常会拿日常的做饭炒菜与孩子的学习做比较。我曾经听到有位教师这样开导自己的学生:"你学得半生不熟,上了考场,你的脸都焦黄焦黄的。你一看题28分,都傻眼了,一估计,都不会得几分。假如你把馒头大米蒸到半生不熟的,打开锅,凉了。等再蒸,就是再等100年,你都不可能把饭蒸熟了。"的确,"学习的半生不熟"与"蒸饭的半生半熟"造成的后果相比,其理相同。

《格言》杂志在讨论"网络假名言泛滥:励志无罪?"这一话题时,支持"励志无罪"的一方阵营在陈述理由时也采用了烹调做比喻:"作为本阵营的掌勺,我很负责地说,励志无罪!道理很简单,以红烧鱼为例,在饭店里点一盘红烧鱼,顾客们牢记于心的是鱼的味道好不好,下次还要不要再来光顾。至于这条鱼出自谁手,经谁的手端上桌,顾客何必费心思知道呢?同理,励志的本意在于激励人,读后余味犹存就好,出自何处就不那么重要。"这样的比喻生动形象、深入浅出,比讲大道理更容易让人明白。

古人云,治大国如烹小鲜。教学又何尝不是如此。教师好比厨师,厨师做的一顿饭、炒的一道菜就是教师上的一节课。那么,如何将这节课"烧好",让学生愿"吃"、乐"吃"、爱"吃"呢?我认为,首先,"厨师"要苦练厨艺,把"饭菜"做得好吃,色香味俱佳;其次,"厨师"

要切记,你做的"饭菜"是为"客人"服务的,菜单和口味要符合"客人"的需要;再次,"厨师"炒的"菜"要给"客人"留下美好的印象,不仅要讲究菜的品味和品质,还要做出菜的品牌,做出菜的艺术,做出菜的文化,使之成为一道招牌菜。下面我就试着以美食的做法来谈谈好课的上法。

## (一)"吃出花样来"vs"上出花样来"

单调与匆忙的教学如同一盘难以激发人食欲的"快餐",学生只是为了吃饱而不得不吃。要让学生不仅吃饱而且吃好,首先要让学生"好吃"——有滋有味地吃,教师必须是一个好的"厨师",精心"搭配",用心"烹饪",做出花样来,使教学成为一盘"色""味"俱全的美味佳肴。

烹调包含两个主要内容:一个是"烹",另一个是"调"。"烹"就是加热,通过加热的方法将烹饪原料制成菜肴;"调"就是调味,通过调制,使菜肴滋味可口,色泽诱人,形态美观。不同的烹调方法,加入不同的调味料,即使是同一种食材,也可做出味道不同的菜肴来。在教学中,同样的教材、同样的教学内容,不同的教师,以不同的教学理念,面对不同的学生,采用不同的教学方法,创设不同的教学情境,展现不同的教学风格,会取得不同的教学效果。人们说"文如其人",其实,有时候也可以说"课如其人"。不同教师的课有不同的"味道":有的教师喜欢"清蒸"知识,追求教学的简约;有的教师喜欢"炒作"知识,追求教学的丰满;有的教师喜欢"烧烤"知识,追求教学的随意。

做菜需要原料,更需要做的水平和做的艺术。我们总说,巧妇难为无米之炊。但有了"米",也未必能勾起学生的食欲,所以还需要"巧妇",能够用"米"做原料,做出各种样式、各种滋味的食品,例如可以把米包裹成粽子,可以把米加工成糕点,可以把米发酵成酒酿。同

六、"美食"对教育的启示

样,一个知识点,在教学时,我们可以直接引出,可以把它放在故事中引出,也可以把它放在动画中或游戏中引出,还可以在操作中引出,不同的引出方式会带给学生不同的感受。

我们应该思考的是,怎样包装或者加工简单或枯燥的教学内容,以便学生学得有滋有味。

另外,我们还需要思考的是,除了对"主料"大做文章之外,是否还可以给单调的教学"主料"添上千姿百态的教学"配料",从而提高学生的学习兴趣?比如,主料玉米配上松子便成了诱人的"金玉满堂",配上青豆又会成为色彩明丽的"金玉良缘"。

有这样一幅漫画(如右图),奶奶拿出传统的粽子给孙子和孙女吃,但遭到了拒绝,孙女说要吃奶油馅的粽子,孙子说要吃麦当劳粽子。这让我想到,我们的教学不能总是老生常谈,让学生缺乏学习的"食欲"。要让老生不常谈,至少得做到以下两点:

## 1. 教师不要做"老夫子"

如果教师满口大道理、没有一点情趣,只能让学生敬而远之。在一堂想象作文课上,某教师的一个问题问出了学生心目中的好老师形象——

教师说想象要新颖独特才有感染力,接着就问:"比如我们可以把老师比作什么?"

"老师像园丁。""老师像蜡烛。"、"老师像春蚕。"……

"老师要像汉堡包……"一个女生怯生生地说。

教师不解地问:"你为什么把老师比作汉堡包呀?"

"汉堡包虽然也是面包,但中间夹了菜,更加美味诱人,我们都非常爱吃。我希望我们的老师把枯燥的知识讲得生动一些、有趣一些,也像汉堡包一样吸引我们。"[1]

"老师要像汉堡包",这单纯而新颖的想象反映了一个最朴素的教育道理,这样的比喻道出了学生的心声。像汉堡包的教师肯定不是那种只会"炒冷饭"的教师。学生无不希望老师的人、老师的课能够像汉堡包一样有味道。

## 2. 教学不要总是"老样子"

如果我们的教学天天一个样,只会让学生感到乏味。我们都知道,教学形式是为教学内容服务的,但"服务"不等于不重要。教学内容好比粗粮,教学形式就好比把它加工包装成让学生可看、可品的美食,来激发学生强烈的"食欲"。学习欲望的激发是教学中的一件大事,并且常常是一件难事。所以,教学形式也很重要。

### (1) 给知识加入一些有趣味的"料"

进食首先品尝到的是食物的滋味,要让食物可口,我们就必须加入一些调味品。在教学中,这种"调料"常常表现为课前用故事、谜语、动画等情境导入,课中用探究、合作、游戏等活动切入,课后用实践、调查、搜集等拓展深入,这些教学形式交替进行或综合运行,并能调配

---

[1] 王远友. 老师要像汉堡包 [J]. 班主任,2008(7). 有改动。

六、"美食"对教育的启示

得当、调节有度,符合内容的知识性质,符合学生的学习品质,就一定能烹调出教学的好滋味。漫画中孙子孙女不想吃平常粽子的原因,是觉得平常粽子的滋味平常,对其缺乏食用的兴趣。

**(2)给知识夹进一些资源的"馅"**

很多人喜欢吃夹心食物,因为可以品尝到多样的滋味,在教学中我们同样可以为学生制作一些知识的"夹心食品",丰富学生的学习口味,其"馅"大多是其他学科资源、综合学科知识。"掺和"一些本学科教学之外的东西,既可以让学生因感到好奇而关注,还可以因其融会贯通而让学生印象深刻,从而服务于本学科知识教学。有一位教师在上数学课"百分数的应用"时,就夹进了语文课本中的诗画以及音乐课本中的乐曲,让数学课因此充满诗情画意——

教师出示清代诗人王士祯的《题秋江独钓图》,同时播放古筝乐曲《渔舟唱晚》:一蓑一笠一扁舟,一丈丝纶一寸钩。一曲高歌一樽酒,一人独钓一江秋。

师:这首诗中哪个字出现得最多?这个字出现的次数占全诗总字数的百分之几?

生:诗中"一"字出现得最多,共有9个,占全诗总字数的32%。

师:诗人用字大胆,连用9个"一",使全诗妙趣横生,写出了"独钓"的那一份悠闲和自在。课后请每个同学找一首诗,诗中某一个字出现的次数至少占10%,然后有感情地朗读。

课后有的学生找到了这样一首诗:秋日秋阳照,秋夜秋菊香。秋风迎秋实,秋人秋收忙。"秋"字占了这首诗总字数的40%。[①]

---

[①] 金色梦想. 做一个有诗意的数学教师[OL].[2010-09-21]. http://blog.phedu.net/u/9955/archives/2010/147390.html. 有改动。

又如，有一位数学教师上"观察物体"一课，一开始就出示了古诗《题西林壁》中的前两句"横看成岭侧成峰，远近高低各不同"，告诉学生上了这节课会有助于对这两句诗的理解。在让学生"横看"和"侧看"长方体的活动中，学生看到了面的形状不同，教师让学生读一读"横看成岭侧成峰"；在让学生"远看"和"近看"长方体的活动中，学生看到了面的数量不同，教师让学生读一读"远近高低各不同"。教学如此充满诗情画意，学生学得自然趣味横生。

对这样的知识"美食"，学生永远"吃不厌"。不过，我们应该注意分寸，尽管中间夹的"馅"可以有各种各样的东西，但它不是主要的内容，其主体应是外面那些把它团团围住的物质。换一个角度来说，我们必须先吃了外面的食物才能品尝到"馅"与众不同的滋味，这种滋味仅仅是对主打食品的有益补充、点缀、调节，例如尽管在粽子中加进了奶油"馅"，但它仍然叫粽子。因此，学科综合不能反客为主，失去学科本质，数学课最终还应该是数学课，不能被"花样"冲淡了数学味。

(3) 给知识裹上一张神秘的"纸"

要让食物吸引人，还必须为它裹上一张神秘的"纸"，例如起一个让人叫得响、记得住的名字。有些饭店会为一些其实很普通的菜起一个诗情画意的名字，让食客因好奇而品尝。在教学中，我们同样可以借助某些知识充满神秘色彩的名字引导学生学习，例如数学中的黄金分割知识，"黄金"两字足以吸引学生去探究其中的奥秘。如果我们再给"黄金分割"知识添加生活中的应用，不仅可以让学生增长知识，而且可以让学生增长见识，由此，数学中有关"比"的教学内容，学生就会学得津津有味。

又如，我们可以给关于"三角形的面积"的数学知识裹上"寿命三角形"的课外医学知识——

## 六、"美食"对教育的启示

"寿命三角形"一词是日本学者中川一郎最先提出来的。他把人的寿命比喻为三角形，遗传因素、身心健康因素和食物营养因素是三角形的边。边越长，三角形的面积就越大，寿命也就越长。

三角形的底边代表遗传，两腰分别代表身心健康因素和食物营养因素，三角形的底边即遗传因素对寿命的影响很大。我们父母的寿命是无法选择的。现代医学研究也发现，长寿老人的"染色体"中有一段几乎完全相同，这就是所谓的"长寿基因"。换言之，三角形的底边是基本固定的，若想增大三角形的面积，只有想方设法延长其他两条边。

……

在养生理念下，让人感到"好吃"还不够，还需要能够让人"吃好"。一名好的厨师，不但要善于烹调出色香味俱佳的美味佳肴，更要科学搭配，保证食品安全、营养与健康。

### （二）"吃出营养来" vs "上出营养来"

人们在形容饭菜好吃的时候会说"色、香、味俱全"，随着饮食业的发展，"意、形、养"也被加入其中，一道好菜应当是"色、香、味、意、形、养"俱全，色泽好看、香气宜人、味道可口、意味深长、形状美观、营养科学。"烹调"一节好的课也要具有"色、香、味、意、形、养"。

"色"，是指课要有良好的外在表现形式，如教师整洁的仪表、规范的板书以及给人美感的课件设计等。

"香"，是指课要充分体现学科价值，展现教师的人格魅力。

"味"，是指课要有学科特点、学科思想，培养学生的学科能力。

"意"，是指课要有明确的教学目标，要善于创设良好的教学氛围和意境,让学生充分领悟课的学科意义。

"形",是指课要坚持形式为内容服务的原则,要根据教学目标和教学内容的要求,灵活使用教学方法,科学创设教学情境,恰当选用教学手段,引导学生通过自主、合作、探究生成知识。

"养",是指课要给学生有益的营养,不但使学生的知识得到增长、能力得到提高,而且使学生的情感、态度与价值观也得到升华,为学生一生的发展奠定良好的知识基础和思想基础。

下面是一个富有哲理的故事《最受欢迎的面包师》。

有这样一个面包师,他做面包时,要有绝对精良的面粉和黄油;要有一尘不染、闪光晶亮的器皿;伴奏的音乐要美妙动听;打下手的姑娘要赏心悦目。四个条件缺一不可,否则他就酝酿不出情绪,没有创作的灵感。

他完全把面包当成艺术品,哪怕只有一勺黄油不新鲜,他也认为那是难以容忍的亵渎。哪一天要是没做面包,他就会满心愧疚:馋嘴的孩子和挑剔的姑娘只能去找那些粗制滥造的面包了。他从来不去想今天少做了多少生意,然而他的生意却出人意料地好,超过了所有比他更聪明活络、更迫切地赚钱的人。

课堂也是艺术品,需要教学的艺术,需要教师创作的灵感。教学不能"粗制滥造"、"营养"不全,甚至"劣制伪造"、"营养"不良,否则会对学生造成不必要的麻烦和危害,有责任的教师同样会为此感到愧疚。上述故事对学校教学有着许多有益的启示。

## 1. "要有绝对精良的面粉和黄油"—— 强调质量

优质教学必须为学生提供优质的教学内容,坚持正确的价值导向,教给学生一生受用的东西。一位纳粹集中营的幸存者后来当上了中学校长。每当一位新老师来到学校，他就会交给那位教师一封信。信中写道："亲爱的老师，我亲眼看到人类不应该见到的事情：毒气室是由学有专长的工程师建造；儿童被学识渊博的医生毒死；幼儿被训练有素的护士杀害……看到这一切，我怀疑，教育究竟是为了什么？我的请求是：请您帮助学生成长为有人性的人，只有使我们的孩子成长为有人性的人，读、写、算的能力才有价值……"

## 2. "要有一尘不染、闪光晶亮的器皿"—— 强调健康

优质的课堂教学必须有益于学生的身心健康。鲁迅先生说过："我虽然自有我的痛苦和不幸，但我不愿意把它传染给那些正做着好梦的青年。"在教学中，教师选择"主料""配料"以及"调料"，不能只顾光鲜有趣，更要考虑健康有益。

## 3. "伴奏的音乐要美妙动听"—— 强调氛围

优质的课堂教学要善于营造良好的教学氛围，让学生受到激励、唤醒和感动，形成积极、健康、美好的人生态度和情感体验。

## 4. "打下手的姑娘要赏心悦目"—— 强调情感

优质的课堂教学需要师生情感的投入和情感的交流，"情不通，则理不通"。苏霍姆林斯基说："教育——这首先是人学！"教师面对的是"饿着肚子来求食"的学生，教师要理解学生与生俱来的求知渴望，要给学生品尝知识、消化知识、回味知识的机会，让课堂成为学生寻找

美食、选择美食、制作美食的地方。我们第一步要努力把课上得"悦目"——让学生"好吃",再进一步努力把课上得"赏心"——让学生"吃好",这样形式与内容俱为上品的课才是优质课。

北京小学数学特级教师吴正宪就提出小学数学课应该"好吃,有营养"。"好吃"指的是教学手段和方法,教师要运用符合学生年龄特点的方法和手段,使他们快乐地学习;"有营养"指的是教师要关注学生对知识的掌握、思维能力以及解决实际问题的能力。

## (三)"吃出别致来" vs "上出别致来"

食品不仅可以成为人们舌尖上的美味,还可以成为人们生活的帮手,让生活更加美好。例如,在下面的故事中,牙签竟然有绿豆、番薯、土豆味,商家把食品做成了用品,把用品做成了食品,可谓别出心裁——

刚来韩国时,一位韩国朋友请我吃烤肉。我们进店后落座,我看到桌上一个圆筒形小盒子里装着碧绿色晶莹剔透的尖条状牙签,心里正感慨牙签也做得这么花哨时,朋友已经开始慢慢地咀嚼起牙签了。朋友笑着解释,这牙签是用绿豆制成的。

原来在韩国,为了保护环境、节约资源,继木质筷子被不锈钢筷子代替后,牙签的原材料也一直在寻找替代品,韩国人已开发出用绿豆、番薯、土豆等作原料的新一代牙签。这种可食牙签的另一个特点是使用时不伤牙,遇热可以自动软化,等菜饥饿时还可充饥。当然,它最重要的功能,还是可以保护韩国的森林资源。

饭后,朋友问我石板烤肉味道如何,我说:"哦?哦!我还在想着牙签的味道。"①

　　食品制造是需要材料的，除了要思考怎样做出好食用的食物，有创意的研发人员还会思考怎样做出较实用的食物，从而增加食物的使用功能。一物两用常常可以获得很好的效果，如果放到教学材料的创新设计上，无疑能够减少教学成本和提高教学效率。

## 1. 用作教学用品的同时又用作教学奖品

　　在物品的选用上，教师常常会选择孩子特别是低年级学生都喜欢的甜食，在用作探究材料时，学生会记在心里——表现好了就有机会获得奖品；在用作评价材料时，学生会甜在心里——甜美的食品代表着老师温暖的情意。例如，有一位教师在教学低年级 "7 的加减法" 时，就带了七颗糖做道具，在下课前把糖作为奖品发下去；又如，有一位教师在教学 "认识千克" 时，最后把教具——几个苹果、橘子、梨都奖给了学生。

　　把食品做奖品的做法可以应用于学生的整个学习生活中。有一位教师是这样用美食犒劳学生的：每次全班学生都完成了家庭作业或都表现得特别好时，就把一小勺玉米放入一个广口瓶里。当瓶里的玉米装满了，就把它们爆成玉米花，全班同学开一个爆米花联欢会。这种 "把奖品最终变成食品" 的日常性评价和过程性评价无疑充满了欢乐，让学生不仅获得了精神上的享受，还获得了物质上的享受。

## 2. 用作教学奖品的同时又用作教学用品

　　有一位教师在 "认识毫升" 一课的练习阶段，拿出一瓶 100 毫升的

---

① 李慎. 牙签有绿豆、番薯、土豆味，你要吃哪一种？[J]. 壹读，2013（15）. 有改动。

饮料奖给了一位表现好的男生，不过要求他当场喝完。接着，教师对其余眼巴巴看着、咽着口水的学生提出了一个要求："看一看，他一共用了几口喝完？算一算，他一口大约喝了多少毫升？"如此有滋有味的教学活动，让学生吃下了美食，也吃下了知识。这样既能"一饱眼福"又能"一饱口福"的教学材料如果用在之后的练习设计中，常常能够再次掀起教学的高潮。

当然，两用之"物"不一定总是食物，发给学生的奖品也不一定总是食品。例如，有一位教师在上一年级的"长方形、正方形、三角形、圆的认识"时，把奖品做成了五颜六色的长方形、正方形、三角形、圆形贴纸，粘在自己的外衣上，根据教学进度，学生表现好或回答对时就随手撕下一个相应的图形粘在学生的外衣上作为奖励。不难发现，这样的奖品，一个身份是评价材料——相当于传统的小红花、红五星，另一个身份是教学材料——成为学生认识各种图形的教具。

物以稀为贵，教师应做到不滥发、不乱发奖品。教师应该有目的地根据教学内容来设计和准备奖品，使奖品不仅具有情感激励的作用，而且具有知识激发的功能，这样的奖品学生才会放在心上，不随意抛弃。例如，有一位教师教学"面积和面积单位"一课，设计的奖品是一些1平方厘米的小正方形，等到一节课结束，每个小组的学生都得到了许多这样的小正方形，等到下一节课教学"面积单位之间的进率"时，学生手中的这些小正方形摇身一变，变成了学生探究面积单位之间进率的工具。

把奖励与知识挂靠在一起，学生不仅可以获得精神上的食粮，而且可以获得学识上的营养，改变了小红花、红五星等传统奖品"中看不中用"的局面。下面再举两个别具一格的例子。

有一位教师把奖励与做题挂靠在一起：将招贴纸裁剪成小纸片，把有趣的题目写在纸片上，用一个大信封装起来，再把信封挂在小黑板的旁边，小黑板上写"？"。如果有学生表现好，就从信封里取出一张纸片，把它贴在小黑板上。如果学生答对纸片上的题目，就给他一个特别的奖励。

还有一位教师把学生刚学不久、常弄错的英文单词"surprise"（惊喜）写在黑板上。课堂上，如果有学生违反纪律，便从末尾开始擦去一个字母。如果有学生表现好，则按顺序添回被擦去的字母。一节课结束，如果这个单词是完整的，那么就给学生这样的知识奖励：可用一句中文来代替"surprise"，如学生正好需要学习的诗句"欲穷千里目，更上一层楼"。

> 聆"师"明言▶▶
>
> 一节美好的课应有这样的"滋味"：上出趣味，滋润学生的天性；上出意味，滋补学生的悟性；上出回味，滋养学生的记性。

# 七、"游戏"对教育的启示

## ——课堂上如何使学生成为"学习控"?

很多家长和教师认为游戏与教学是对立的。特别是网络游戏,学生很容易沉迷其中,教师和家长的第一反应往往是想办法"堵",似乎很少有人会去想一想"游戏为什么会这么吸引人?",而更少有人会去想"为什么我们的教学不如游戏那么吸引学生?"。

在课堂上,我们经常会看到这样的"冰火两重天":教师讲得眉飞色舞,而学生却听得垂头丧气;上课了,学生慢吞吞地走进教室;放学后,学生飞快地直奔游戏室。这样的情景让许多家长和教师感叹不已:如果孩子能够像玩游戏那样学习,该多好啊!我曾经在杂志上看到这样一个关于美国游戏教学的案例——

去美国前,女儿在上海读小学三年级。到美国后,美国学校对女儿的英语进行了简单的测试,然后每周一、三、五下午,女儿由一名老师带着,与其他班上刚转入的外国学生一起,采取"玩"的形式,每天学

七、"游戏"对教育的启示

两个小时英语。

每次问女儿在课堂上学了什么,她也说不清,但总是会兴奋地描述:今天我们在做游戏,今天我们表演了什么节目,今天把我笑得肚子都痛了。放学路上,看她的表情,就知道孩子喜欢这种学英语的方式。

几个月后,我们发现,孩子的英语已经很好了,特别是在理解能力和阅读能力上进步很快。

回到上海后,我们联系她曾经的学校,让她再去考试。考完后,教务处的老师说,孩子的成绩"很差",还特别强调了一句——在美国待了一年,应该英语成绩很好,可考试结果也不怎么样嘛!

我顿时无语。①

从上述案例我们可以看出,中美教学方式和评价方式有很大的不同。我们学校的英语评价方式常常让人无语,只看"纸上功夫"而不看"嘴上功夫"。评价方式决定教学方式,于是,我们学校的英语教学方式也常常让人无语,只注重"教中学",而不注重"玩中学"。尽管我们常常感叹游戏对学生强大的吸引力和作用,却不想也不肯让学生在游戏中学习。

游戏室与教室相比,没有美观的环境布置,没有系统的教材,也没有系统的教学活动,但学生依然能够玩得挥洒自如、津津有味,这是为什么呢?无疑是因为游戏能够牢牢地吸引学生,让学生能够全身心地投入其中。

---

① 安光系. 女儿中美学英语记 [J]. 瞭望东方周刊, 2013(31). 有改动。

## （一）游戏设计 vs 学习过程

观察电子游戏，我们不难发现许多游戏中包含着学习成分，并且有些游戏是专门为学生的学习开发的。我们需要思考的问题是：像游戏这么好的学习行为是怎样设计出来的？它对于我们的学校教育尤其是课堂教学有什么启示？

### 1. 情境体验

为什么有人一遍一遍地玩"实况足球"，永不厌倦？因为在这样的游戏中，游戏者不断体会盘带、过人、配合和射门的乐趣。有人执着于让一个球队变得越来越强大；有人则尝试不同风格、不同组合的球队。女孩子们喜欢的"养成类"游戏也是如此。

教学中也设计有情境，然而这种情境更多的只是情景。许多教师以为那些看得见摸得着、惟妙惟肖、生动活泼的图片、动画等就是所谓的情境创设，并且一味注重其中的趣味性，以求激发学生的学习兴趣。其实，这些只是简单的情景，这样的情景往往"短平快"——时间短、情节平、效果快，一旦导入知识教学就功成身退，消失得无影无踪。

而电子游戏的情境体验就没有这么简单，它除了浅层次的有趣，更有深层次的有劲。情境也可以没有图像，但只要有吸引力，让学生欲罢不能，那么这样的局面就是一种情境，或者说是一种意境。例如一些文字表述的问题，没有优美的图片，没有动人的故事，也没有热闹的场面，简简单单的一些文字却能够吊起学生的"胃口"，让人产生悬念，尽管它的叙述是无趣的，但只要它能振奋人心，这样的问题同样是一种情境，我们把它叫作"问题情境"。因为这样的问题情境紧扣着新知识，需要学生学习新知识后才有能力回过头来解决，所以问题情境常常能够贯穿全课，成为学生学习的任务。最终完成任务，也就解决了问题情境中的问题，学生也就能够获得攻关的乐趣和成功的体验。在一节课上完成了一项任务，解决了一个问题，下一节课又会有新的问题和新的任务，这正如电子游戏一样，新的任务在不断地等着你去完成。如果我们的教学情境能够达到这样的境界，何愁学生不期待着每一天都上课？！

从电子游戏中我们不难获得这样的启示：教学情境不应该是外在于教学内容和教学目标的，甚至应该成为教学目标的情景化再现。教学的过程应该是一个"问题解决"的过程，就好比游戏中最终战胜大BOSS一样。另外，正如游戏情境给游戏者提供了多种玩法一样，这样的问题情境还应该能为不同学生的多种学法提供可能。

## 2. 进阶设计

游戏从题材上可以分成许多种，但是本质上大多还是"闯关"类。关卡设计，其实就是构成一个"挑战—反馈"机制，这种任务导引是激发游戏者不断游戏的动力。在游戏设计中，还有一个环节也很重要，那就是游戏难度的进阶设计。除了关卡这一维度外，还有难度这一维度，游戏的进阶设计呈现出多维提升的格局，这样的游戏一旦玩起来就意趣无穷。

考察我们的教学，电子游戏的进阶设计就是我们的层次设计，电子游戏的关卡设计就是我们的环节设计。学生掌握了前期知识才能够进一步学习后期知识，也就是向解决预设的情境问题的目标进了一步。让学生的思维过程充满历险，让学生的学习过程充满磨难，也就是让学生解决问题的过程充满挑战，这样学起来才能意味无穷，所以设计的问题情境有一个重要的指标，就是应该具有挑战性，足以使学生的挑战之心一直保持到课终、到课后甚至保持到下一节课、下几节课。

在教学形式上，许多教师也会借鉴游戏的形式，根据知识的难度设计"闯关"环节，为了生动，还会用多媒体的影像和音响等技术配合，一旦学生"闯关"成功，多媒体就会播放掌声的音乐。其实，真正的知识"闯关"并不一定要表现在形式的热闹上，有时外在的热闹反而会干扰学生静心学习。我们应该努力提高每一层次知识探究或每一批次知识训练的挑战性，逐步提高学生的挑战能力，这才是教学"闯关"的正道。

### 3. 过程奖励

电子游戏中的奖励一定是"在游戏中"的奖励，比如在打胜一定量的小怪兽之后，玩家会获得某种超能力，而这种"超能力"往往在接下来打大怪兽的情节中用得着。这样的奖励是真正具有"教学意义"的奖励。同样，我们的课堂应该让学生意识到某个教学环节得到的结论、方法或者思想一定是和即将展开的新的教学环节、教学内容有关系的。什么是奖励？就是要让学习者意识到，习得的经验是能够帮助他解决接下来的问题的，这样环环相扣的成功感就是教学中最好的奖励。

由此可见，我们原来课堂上惯用的那种"棒棒棒，你真棒"的语言鼓励和小红花等物质奖励都是外在的，是"小儿科"的做法，奖得多了，其激励性会越来越差。而奖励学生在未来的学习中能够学得更好的方法无疑是体现学习本质的，也是学生迫切需要的长久之计。

至少，我们应该尽力把给学生的奖品染上知识的色彩，使其能够在下一环节甚至下一课时的学习中派上用途。例如在小学数学"确定位置"教学的过程中，一位教师奖给学生的奖品是一张张类似电影票的座位票，她设计了一个游戏活动，要求这些学生"根据拿到的票到教室后面排好的座位中快速地找到自己的座位"；又如在小学数学"面积意义"教学的过程中，一位教师给学生的奖品是一个个1平方厘米的小正方形纸片，

七、"游戏"对教育的启示

这些奖品会在下几节课"面积单位"以及"面积单位的进率"中用作学具。

另外，对表现好的学生，教师根据其实力和潜力奖励一道难题，在很多情况下不但不会使学生止步，反而会激励学生迎难而上，因为学生会认为这是老师给自己的奖品，体现的是对自己的信任和关爱。

## 4．自学提示

在电子游戏中，对于初学者的示范和提示一般出现在初级难度中，场景中的标志识别、装备使用都是提示点。游戏开发者对用户感受的关注、对用户学习心理的把握，都是我们教师应该学习的。许多人觉得苹果公司的产品厉害，但恐怕不知道苹果操作系统的基础是 Unix，但是苹果公司将它变成一个如此时尚、如此让人喜爱的操作系统，这不仅是技术，更是对用户使用心理的洞察，这才是制胜的关键。这种洞察力表现在软件设计过程中，良好交互界面的背后是设计者对使用者心理的准确理解与把握，这是至关重要的。

但在我们的课堂教学中，这种洞察力恰恰是最容易被忽略的——学习行为设计一定是基于心理学的，我们的课堂太注重结论的获得，几乎不关注获得结论的过程的示范和指导。教师总希望通过反复练习让学生自己去"悟出"，结果学习过程不可控，学习成效不可控，学习效率大大降低。尤其是现在教学强调"探究"，似乎所有的问题都应该由学生自己获得答案，教师不敢提示和引领，这是从一个极端走向了另一个极端。其实起始教材往往需要教师更多的提示，有些知识例如"运算符号的书写""运算顺序的规定"等完全没必要都让学生去探究。

我们国家的课堂教学模式和教材编写模式更多地停留在前苏联模式上，课本往往只是薄薄的一册，内容虽然很严谨，但就是一条条的概念、公式和定理以及一道道的例题和习题，学生完全无法理解这些公式背后的学科本质。于是，绝大多数学生丧失了学习的兴趣。相比较而言，欧美教材都是厚厚一大册，好几页只有一个公式，但是描述性的语言多，比喻和例子多，讲解得有趣、形象。在新课程改革之始，我曾经参加苏教版小学数学新课程实验教材的编写，我当时向编委提出能否编写一本能够让学生"自学"的数学课本，把教师的"教材"真正变成学生的"学材"。在新课程理念下编写的课本已经比以前的课本厚了许多。

## 5. 同伴互助

同伴互助是学习的基本形态。十个玩游戏的人有九个会说他是被朋友拉下水的。而且，更深入一步说，玩游戏要有"场"效应，也就是要有一群人在那里渲染气氛。现在的问题是：同伴会教你什么？不外两点：一是基本操作；二是小诀窍和攻略。但这两样东西一定不会同时教你，一定是你玩了一段时间之后，同伴才会教你。你看，教学上的循序渐进是不需要专门培训的。

在课堂教学中，教师应该充分利用学生集体的"场"效应，利用学生不甘落后的心理，促使学生相互竞争与合作，也应该尽量让学生依靠自己或集体的力量解决问题，此时教师的角色就是"在路边鼓掌的人"。只有在学生都解决不了问题的时候，教师才有必要支援。

游戏的人在同伴互助的同时进行着经验分享。几乎所有的游戏玩家都是通过"经验分享"的方式完成从初级玩家到骨灰级玩家的转变的。进入游戏情境之后，玩家首先采取"试错"的策略，在多次尝试未果的情况下，他们往往会通过 QQ 群、微博、BBS 等渠道寻求帮助。有些玩家会在自己有了经验之后到相应的平台上分享。这类似于学习心得体会，但又不同于我们平常看到的空洞的、八股的心得体会，而是对很多细节和具体内容的切实指导，是玩家用自己的心血换来的。分享，在这里变得生动而具体。

同样的道理，在课堂教学中，如果我们更关注学生之间学习经验的

## 七、"游戏"对教育的启示

分享，多给学生"兵教兵"的机会，或许能够更有效地提升学生整体的学习质量，同时也更能激发其中优秀分子的学习热情，从而进一步提升他们的学习水平，并能带动中下等学生也有所进步。教师还需要做的是为学生提供学习经验交流的园地，在课堂上让学生把听后感、观后感、做后感、学后感说出来，也可以让学生在课后写出来，写在日记中，贴在板报栏，发在网络上。

对比分析到这里，从游戏的设计中，我们能不能看到自己的课堂教学离好的学习设计有多远？前面提到的有效的教学设计要件我们具备了多少？我们需要虚心向游戏界学习，真正了解电子游戏设计背后的"学习理论"，将我们的课堂教学变得有声有色，牢牢抓住学生的心理，不断提高教学的有效性。福州教育学院附属第二小学语文老师何捷就深谙其道，用游戏的方式解决了作文教学难题——

何老师的灵感起源于《人与自然》的电视节目，他发现动物们最常用且有效的学习方式就是游戏；课文《两只小狮子》中的滚、扑、撕、咬等行为都是与小狮子未来生存息息相关的游戏；老舍笔下满月的小猫抱着花枝荡秋千的生动游戏，也是一种生存技能的学习过程。再看看孩子们，参与游戏时是那样投入专注，向他人介绍游戏时滔滔不绝，丝毫没有障碍。能否将游戏融入习作教学中，以充满趣味的游戏活动激活孩子们的思维，激发他们的写作兴趣和热情，让他们在现场参与后趁热打铁进行写作呢？于是，他开始尝试"游戏作文"教学。

在试验中，"游戏作文"的好处逐渐显现出来。师生平等参与，合作互动；玩和写结合，孩子们以饱满的激情对待游戏、对待作文；不过分强调文以载道，但游戏中往往蕴含一定的道理，让孩子在玩与写中学习做人；孩子参与游戏作文，玩和写都是现场的、自觉的，并且全过程都伴随着"观众效应"：创作有"观众"的参与——现场游戏后习作，评价有"观众"的介入——同伴、师生共同参与评价，成果有"观众"

的欣赏——佳作赏读、张贴、办小报、办展览、推荐至报刊……这一切,都让孩子们越来越迷恋"游戏作文"。

纵观全局,在我们国家,游戏教学尚属于小打小闹的局部活动,而在美国加利福尼亚州的一所中学,游戏与教学已经融为一体——"一场游戏一堂课",让教学始终游戏,让教学始终有戏——

上课铃一响,学生们匆匆地跑回教室,打开电脑,开始打游戏!他们着迷的还是当下最热门的网络游戏《我的世界》。孩子们从中可以学习古代历史、化学、英语和很多其他课程:外语老师让孩子们用不同语言在游戏里交流,不少老师在游戏里建造了"教学主题世界",有人在游戏里给孩子讲古代历史,有人张罗着学生跟他边打游戏边分析化学元素。被派到科威特的美国学校教学的埃里克·沃克则干脆建造了一个庞大的"人文学世界","玩家们"一起乘坐环游世界的帆船,到神秘的中世纪古堡探险,参观远山外的亚洲佛像,甚至能悠哉游哉地坐在岩石上观看火山喷发的全过程。为了让游戏里的学习更有趣,他还设计了骷髅岛和神秘塔等刺激的冒险和寻宝环节。宝藏是一张世界历史地图。为了拿到这份"宝藏",学生们要分工合作,如果遇到过不去的关卡,他们还可以到游戏里的图书馆找资料。①

对加利福尼亚州的这所中学的教师来说,游戏早已不是上课的对立面了,就连美国总统奥巴马也在公开演讲中呼吁开发更多"跟电脑游戏一样好玩的教育软件""让孩子在沉迷的电脑游戏中学到些知识"。美国课程的创造者渐趋多元化,许多教育行业以外的课程编制者用别具特色的方式演绎课程。SAS(一家著名的统计软件公司)作为商业机构推

---

① 李斐然. 一场游戏一堂课[N]. 中国青年报,2013-04-17. 有改动。

七、"游戏"对教育的启示

出了一套供低龄儿童学习数学的课程,他们的统计软件工程师都是数学迷,深感学校中的数学课程有许多浪费时间的内容,因为"数学老师更关心哪些知识会被考到,而工程师更关心什么知识会被用到",他们希望通过游戏的方式让学生更愉快地学习数学。

在德国,有专门的儿童网站保证儿童健康上网。比如"建筑学大冒险"网站设计了一个在线游戏,孩子可以根据对城市建筑、绿地和交通状况的考察完成游戏设定的任务。游戏对建筑的施工技术、艺术风格、资金投入和社会环境都有相应的介绍,孩子们可以在玩中学、在学中玩。

在英国,教育学家安杰拉·麦克法兰(Angela Mcfarlane)教授鼓励学生玩电脑游戏来培养生存能力。英国高校科研人员称,玩电脑游戏可以获得重要的生存技能,比如集中注意力的能力、适应环境的能力以及解决问题的能力等。麦克法兰教授认为,很多游戏并不简单,它们对玩家的要求很高,需要有很好的学习能力和分析问题的能力,她本人就痴迷于《愤怒的小鸟》《疯狂小旅鼠》之类的游戏。如果这些游戏活动在一个受到监督的环境下进行,它们就可以发挥积极的作用。她建议政府关注高科技对教育的促进作用。①

## (二)游戏精神 vs 学习境界

不过,我们需要明白的是,无论是在教学中嵌入游戏,还是把知识嵌入游戏,这两种做法都更多地着眼于游戏的技术层面,还没有深入到游戏的精神层面。教学的最高境界是什么?是教学的游戏精神。即把教学看作游戏,让教学充满游戏的精神品格。"把教学看作游戏"的理念,其意义要比在形式上注重游戏活动的引用和表面上数字技术的引进更为重大。

---

① 郑朝晖. 课堂教学为什么不如电子游戏吸引人[N]. 文汇报,2013-06-06. 有改动。

## 1. 生活性

现如今,见面问好的第一句话不是"吃过了吗?",而是"今天偷菜了吗?"。短短几个月的时间,"开心农场"便风靡全国,让无数网民为之着迷,这不得不说是个奇迹。

开心农场迎合了人的大自然情结,利用生活场景套牢用户。游戏通过虚拟的农场让人体验到田间耕作的生活,满足人渴望融入大自然的心理需求。浓郁的生活气息与生动的耕作情趣大大地激发了人们参与的欲望。试想,我们的教学为什么不能吸引学生呢?一个重要的原因就是教学脱离生活实际,教师不能将知识与学生的生活充分连接起来,学生学习的知识是僵死的,不能为生活提供帮助,也不能在生活中找到情感的共鸣,这也难怪学生提不起兴趣了。因此,"开心农场"给我们教学的第一个启示就是注重教学的生活性。

## 2. 自由性

真正的游戏不为外物所累,而是"自成目的",游戏者摆脱一切外在的目的和压力,完全被游戏吸引,达到"物我两忘"的境界。这样游戏也必然是自由的。可以说,自由是通向游戏最重要的"通道",没有自由就没有游戏,自由在何处止步或被限定,游戏便在那里终结。然而在教学中,教师处处防范、控制学生的言行,试图把学生的所有行为都限制在自己预想的范围之内,教学变成演"教案剧"的过程。这样,学生必然没有多少兴致可言,更谈不上是在游戏。

然而,自由并非任意妄为,它需要严肃。当然,这种严肃也仍然是内在的严肃,而不是外在的强加的严肃。因为只有当游戏者全神贯注于游戏时,游戏活动才会实现它应有的目的。谁不严肃地对待游戏,谁就是游戏的破坏者。一句话，游戏是一种在某一固定的时空范围内进行的自愿的活动，它以自身为目的，其规则是游戏者自由接受的，但又有绝对的约束力。

教学也是一种游戏。是游戏就有规则，没有规则就成不了游戏。没有规则的自由不是真正的自由，其理就如同一只放飞的风筝，如果把人手中的那根约束它的牵线剪断，结果不是它飞得更自在，而是它很容易掉落下来。由此可见，没有约束的自由不是真正的自由。

有一位教师为了体现师生关系的平等和融洽，课下常常与学生一起玩，与学生打成一片，结果让他头疼的是，在课上学生的表现也很"自由"，教学秩序很乱。其实，这位教师没有很好地领会教育的游戏精神，把"课上"等同于"课下"，他应该告诉学生，"课上"与"课下"的游戏规则是不一样的，课下可以"这样"，但课上不可以"这样"，课上是有组织、有秩序、有纪律的。换句话说，上课是有规则的，全体学生必须共同遵守这样的"游戏规则"才能保证正常的学习活动。学生明白了这样的道理，自然也就会严肃地对待上课的规则，遵守上课的规定。此时，上课的"游戏规则"也就会产生约束力，保证教学活动的正常运行。学生就不会随意地违规而任意破坏大家的利益以及与老师良好的师生关系。

教学也是自成目的的。"把教学看作游戏"，教学就暂时"忘却"了外在目的，或者说教学无目的，教学成为它自身，教学活动展开的过程也就是教学目的的实现过程。这样的教学对儿童是有意义的，它合乎学生的需要，是学生的内在生活。因为真正的生活只是在游戏的意义上成立，除了它自身之外无目的。在这样的教学中，教学就是学生当下的生活。也就是说，游戏注重的是过程，而并非只是结果，或者说只有注重过程才会有结果。"教学无目的"，这样的教育思想才能从根本上保护学生不受外在功利思想的压迫和挟持。

然而遗憾的是，现在的教育很功利，许多家长和教师常常用"学了有什么用"来掂量学习的价值和考量学习的效果。当然，许多家长和教师眼中的"用"常常是看是否对考试有用,如此也就导致我们的教学常常只注重结论与成绩,而淡化甚至忽视知识的展开过程和学生的学习过程。例如,圆面积的推导过程,对考试有用吗?教师都知道这不会考、不能考,于是教师对此就常常轻描淡写甚至直接跳过。

## 3. 开放性

在游戏中,游戏者沉浸于游戏之中,相互敞开,又相互接纳,从而不断实现视域融合和精神的拓展,这就是"对话"。"对话"使游戏者不断从一种可能性迈向新的可能性,在"往返重复"中不断更新自己。这正是伽达默尔所强调的游戏的"特有的精神"。他说:"对于人类的游戏来说,富有特征的东西是它游戏某种东西。"正是这些具有魅惑力的东西把游戏者卷入自身。正是在这个意义上,可以说游戏的真正主体并不是游戏者,而是游戏本身。所以,游戏特有的内部秩序所规定的境域是有限的、封闭的,但同时又是无限的、开放的。游戏就是使封闭的世界同时成为一个可能的世界、一个充满无限可能性的意义境域。

教学是对话的。教学作为游戏,可以看成"教"与"学"之间的一种对话:

一是"教材"与"学生"之间的对话。这里,学生与教材之间不是传统认识中的生硬的对象性关系,而是一种"我"与"你"的平等对话关系。教材作为文本,是一种语言,"它不是一个客观对象,而更像对话中的另一个人"。由此可见,把教材编成有着儿童话语、有着儿童情怀、有着儿童视野的文本是多么重要!然而,我们国家的教材都是一本正"经"的内容、一本正经的语调,让学生常常很难"对上话"。

二是"教师"与"学生"之间的对话。这里,师生之间也不是传统教育中的那种对象性关系,而是一种精神性交往关系,即"我—你"关系。在这种关系中,教师与学生彼此敞开,获得知识、经验、意义的

"共享"。

教学是生成的。如果说教学是对话的、沟通的,那么也可以说教学是开放的、生成的。因为对话性沟通超越了单纯意义的传递,具有重新建构意义、生成意义的功能。来自他人的信息为自己所吸收,自己的既有知识被他人的视点唤起,这样就可能产生新的思想。在同他人的对话中,正是出现了与自己完全不同的见解,才会促成新的意义的产生。

教学都有着一定的计划,如教师要安排一学年、一学期、一节课的教学计划。没有计划,教学必然陷入混乱、无序。但是,教学作为培养人的活动,其计划的程度是非常有限的,因为"人能够达到的境界,这在本质上是不可计算的"。如果教学计划过于严密甚至写成详细的教案,必定会限制教学"会话"的延续,它最终会使教学封闭,而不是开放与生成,它会使教学失去生命,失去生命所具有的复杂性、偶然性、不确定性。不难看出,这种"计划本位"的教学也最终会使教学应有的游戏精神丧失殆尽。正如德国教育家雅斯贝尔斯所言:"教育绝不能按照人为控制的计划加以实行。教育计划的范围是很狭窄的,如果超越了这些界限,那接踵而来的或者是训练,或者是杂乱无章的知识堆积,而这些恰好与人受教育的初衷背道而驰。"

## 4. 体验性

从形式上看,游戏是假想的、虚构的,但从实质上看,游戏者在游戏中获得的体验却是真实的、深刻的。在游戏中,游戏者把自身完全交付给游戏,已无所谓主体,也无所谓客体。

教学是体验的。在教学游戏的境界里,教师与学生都作为游戏者把自己的整个生命投入其中,由此他们获得一种真切的体验。体验不同于经验。如果说经验是知识的积累,指向的是客观世界,那么,体验则是价值的叩问，指向的是学生的精神世界。①

综上所述，"把教学看作游戏"以及"让教学具有游戏精神"既有可能，也有必要。然而这并不是说所有的教学自然会成为游戏，要使教学成为游戏，我们的教学至少应该具备以上所述的游戏原理、游戏原则、游戏精髓和游戏精神。席勒认为："只有当人充分是人的时候，他才游戏；只有当人游戏的时候，他才完全是人。"游戏精神和游戏文化应该成为教育对儿童生命需求的有力应答。教育的一个重要甚至核心的功能就是：让儿童学会游戏，让生命享受游戏，而不是功利地让儿童提前拥有一些"知识"，甚至"催熟"他们稚嫩的生命。

近闻南昌八一中学校长卢锡宏致力于打造一所"好玩的学校"，他认为："孩子精神愉悦的时候效率最高，如果能让孩子对学习充满兴趣，走进教室如同走进网吧一样开心，就成功了。"但愿我们的学校都能成为"好玩的学校"。

### 翰"师"明言

> 学生如果能像玩游戏那样学，必定学得好。教师的最高教学水平和最高教学境界是能像玩游戏那样教，这样必定教得好。

---

① 周建平. 游戏教学观论要［J］. 教育理论与实践，2002（5）. 有改动.

# 八、"旅行"对教育的启示

## ——如何让学生在知识风景中"修学旅行"？

旅行，本身就是一种教育，且是一种极具珍贵价值的教育。旅行教育也是教育方式的一种，法国思想家蒙田热衷于这种方式，他坚信：不能只学书本知识。"仅仅进行书本学习是贫乏的。"学生要和别人交谈来往，出去旅行，观察各种奇异的事物，把世界作为"书房"，从而扩大视野，如困守一处，就会眼光短浅。旅行也可以培养吃苦耐劳、独立自主的精神，改善学生的身体素质。

起源于1946年的"修学旅行"是日本学生最具特色的活动，发展到现在已成为日本文化的一部分。"修学旅行"时，学生在与平时不同的环境中增长见闻，在接近自然的同时体验集体生活，体格和意志都得到充分锻炼。有人交到了一生中最重要的朋友，有人明白了一生中最重要的道理。

## （一）在旅行中"修学"

旅行除了可以锻炼身体之外，对学习也有好处；除了可以学习大自然的知识，对学校学习也有好处。据英国广播公司官方网站2013年10月21日报道，最新的一项研究表明，适当的运动还有助于提高学生的学习成绩。

应试教育下的中国学生成天埋在"题山卷海"里，身体越来越差，视野也越来越窄。不过，虽然我们国家目前还没有实施"修学旅行"的教育制度，但已经有了一些类似的生活实践活动。在旅途中，导游的修养很重要，下面这位学生就遇到了一位"导游老师"——

为什么我们要称呼导游"阿福"为老师呢？说来这位导游还真有点特别，只要一有机会他就考我们的英语应用能力，教我们英语单词，一副老师的模样。这不，他又开始考我们的词汇积累了："嗯，'猴子'怎么说？""我知道，monkey，m—o—n—k—e—y。""很好，奖励一张贴纸！"

看到同学们一个接一个抢着回答，我不禁有些心焦。好不容易我抓住了一个机会："'河马'的英语单词应该是hippo，h—i—p—p—o！"正当我暗喜时，阿福老师发话了："不错，但是最好写全称。谁知道'河马'的全称？"没人知道。于是，他便开始了拼写技巧的指导："你们看，像dinosaur（恐龙）就可以这样拼：di就是d—i；no就是n—o；saur就是s—a—u—r，和你们学拼音一样，根据发音去拼记单词就简单了。学会了吗？要会运用哦！"老师微笑着看着我，我点了点头。[1]

我也碰到过像上述故事中那样很出色的导游，他能充分利用时间，在车上就介绍观光景点，让游客有心理准备，发现自己的兴趣所在。到了景点，他会挑重点介绍，游客有疑难或者困难时，他会在旁边热情地指点、帮助。当然我也碰到过很差的导游，或许他也有出色的口才和专业知识，但是他不知道什么时候该讲，什么时候不该讲，在车上，他一

---

[1] 查一畅. 导游老师 [OL]．[2013-07-19] http://zj.sina.com.cn/edu/sejy/2013-07-19/11429309.html.

声不吭;到了景点入口处,他开始口若悬河、滔滔不绝,竟将游览时间活生生地缩短一半。

## (二)在修学中"旅行"

在教育的隐喻中,有人曾经把教师比作导游。2013年教师节前后,新浪微博疯传一篇学生作文——"老师到底应该是园丁还是导游?"——引起了大家的热烈讨论。

"我希望老师像导游……而不像园丁,修剪掉我们不听话的枝丫,最终让我们长成了只会听话的植物。"这段文字,出自一名小学六年级学生的作文,题目叫作"园丁与导游"。小作者质疑:"园丁"真的适合老师这个职业吗?在小作者看来,如果孩子是花草,老师是园丁,已经种在花园里的花草"命运都是已经安排好了的",就像"牡丹不会变成玫瑰,百合不会变成月季",花草们只能被动地吸取养分然后长大,却"没有自己的想法"。小作者建议用"导游"来代替"园丁"。他把原因阐释得通俗而透彻:导游仅仅是带领大家走进风景,去看风景,至于怎么看、看到了什么,各有不同。就像学习一样,同样的知识,我们对它们的理解不同,也就成就了不同的人才。

美国的芬瑟曾写过一本书《学校是一段旅程》,由此推想,教学就是一次旅行。正如前面那篇学生作文中所说,在学习中,老师不就应该像导游吗?引领学生游览知识的风景,该讲的时候讲,该让游客自己看的时候就闭嘴,在游客有困难的时候伸出援手。刘墉曾说:"教师既要引起学生的动机、兴趣,指点学习的途径和方法,又要留些空间,让学生自己去品味。"

导游是一个服务性行业,其实教师也应该为学生服务,为学生的学习服务。导游职业的文化性决定了导游服务是审美和求知的媒介,这又给我们的教学功能带来了启示。教师不仅要引导学生发现知识的存在，更要引导学生发现自己的存在。导游的讲解注重指导游客以最合适的角度去欣赏真实的风景，教师的讲解同样需要注重指导学生以最合适的方式去欣赏知识的风景。

教师成为导游，意味着教师是引路人，让学生自己去领悟、去成长。电影《死亡诗社》里原本缺乏朝气的学生重返生机，基廷老师用了什么教育绝招吗？没有！他只是不再给孩子枷锁，只是带领他们朗读《哦，船长，我的船长》这首诗，让孩子们从中获得不同的理解。每个学生都是自己命运的"船长"，他们完全有掌握自己命运之舵的能力。教育的成功不是把他们梦想的游船凿沉，而是成为导航的灯塔。

"教师像导游"只是一种隐喻，是对教育的一种纠偏，代表着人们对教育的向往。其实，园丁和导游并不一定是对立的，优秀的教师既可以像园丁那样精心培养学生，也可以像导游那样带领学生遨游知识的海洋，关键在于教师能否很好地调动起学生的求知欲和创造力。教师应能够让学生进行以下两个方面的"进修"学习：

## 1. 让学生自己"修成"知识正果

"教师像导游"，其意义是告诉教师应像"导游"那样给予学生充分的时间与空间进行自由探索，而不是压制学生个性化的表达。不过，我认为，把导游作为理想中的教师形象来期待也并非完美。因为导游往往根据事先安排好的路线带领游客游玩，在这个过程中，游客缺乏自主性。而相比之下，学习则更多的是学生自己的事情，让学生自己去"修学旅行"。当然，我们大可不必求全责备，"教师像导游"这样的教育隐喻将导游职业美好的一面放大，实际上也体现了人们对教师的殷切期望。

由此，我想到了另一种"修行"更高的旅行方式——自助游，自己设计路线，自己安排旅途中的一切，自由、主动、深刻、充满艰辛和诗意。自助游最大的特色就是对旅游内容的自主性很强,每个人都有充分的时间来享受旅行。

**(1)"相同"知识的"自助游"**

在教学中,为了能够体现学生的高度自主性,教师应该尽可能地组织学生学习的"自助游"。特别是当某些教材具有知识结构类似和教材结构类似的特点时,更容易实现学生学习的"自助游"。此时,教师只需要为学生指明学习的"方向"、提供学习的"地图",就可以让学生循序渐进、按图索骥,"自修"到知识。

例如"7的乘法口诀"一课,因为学生之前已经学过了1—6的乘法口诀,这些教材"容貌"的相似度极高,学生在学习时已经相当熟悉"旅行"的路线和沿途的"风景"。不过,熟悉的地方没有风景。"风景"相同的课,越往后教,学生会越感到无趣。因此,我提出了让学生"自助游"的教学建议,换了一种"旅游"方式,结果教学效果很好。首先,在课的开始,复习1—6的乘法口诀,完成以下乘法口诀表(见图8-1):

| 一一得一 | | | | | |
|---|---|---|---|---|---|
| 一二得二 | 二二得四 | | | | |
| 一三得三 | 二三得六 | 三三得九 | | | |
| 一四得四 | 二四得八 | 三四十二 | 四四十六 | | |
| 一五得五 | 二五一十 | 三五十五 | 四五二十 | 五五二十五 | |
| 一六得六 | 二六十二 | 三六十八 | 四六二十四 | 五六三十 | 六六三十六 |

图 8-1

此时这张1—6的乘法口诀表就是学生继续"修学旅行"的"地图",教师可以让学生看着这张"地图"推想下一个旅行的"地点"——"你认为,我们接下来会学习什么?"学生根据前期"行"知经验很轻松地说出:"我们接下来会学习7的乘法口诀。"接着,教师继续让学生由这张"地图"推想这个游览地点会有几个"景点"——"你认为,7 的乘法口诀会有几句?"学生同样根据前期"行"知经验很轻松地说出:"7 的乘法口诀会有 7 句。"教师顺势在 1—6 的乘法口诀表中标出 7 的乘法口诀的"方位"(如图 8-2),然后提供由 7 个三角形组成的一只小船(教材例题的情境)作为探究的材料,让学生通过摆一摆、说一说、算一算、编一编等活动,自行创造出 7 的乘法口诀(见图 8-2)。

| 一一得一 | | | | | | |
| 一二得二 | 二二得四 | | | | | |
| 一三得三 | 二三得六 | 三三得九 | | | | |
| 一四得四 | 二四得八 | 三四十二 | 四四十六 | | | |
| 一五得五 | 二五一十 | 三五十五 | 四五二十 | 五五二十五 | | |
| 一六得六 | 二六十二 | 三六十八 | 四六二十四 | 五六三十 | 六六三十六 | |
| | | | | | | |

图 8-2

在课即将结束时,教师把 1—7 的乘法口诀的总句数列成一个加法算式 1+2+3+4+5+6+7,然后告诉学生这一连加算式也可以用一句 7 的乘法口诀来计算,这一知识点大大激起了学生一探究竟的好奇心。此时,教师可以发挥"导游"的作用,引导学生把上述乘法口诀表中的口诀所在的位置看成一个个图形,然后通过图形的移动和拼合,把"七七四十九"乘法口诀所在的图形移拼到"二二得四"乘法口诀上方,把"六七四十二"和"六六三十六"这两句乘法口诀所在的图形移拼到"三三得九"乘法口诀上方,依此类推,数形结合,学生就会很容易发现 1+2+3+4+5+6+7 这一加法算式可以用"四七二十八"这一句乘法口诀来计算。

(2)"不同"知识的"自助游"

上述"7 的乘法口诀"与"1—6 的乘法口诀",在知识结构上和教材结构上有着高度的一致性,学生感觉如同"故地重游",完全可以用相同的"旅游"经验来实现"自助游"。在教学中，还有一些教材，看似身处"异地"，其实也在同一风景中。

例如"正比例"与"反比例"知识，性质虽然相反，但教学的"行程"相同。学生学完"正比例"一课后，教师就可以引导学生由"正"及"反"推想出"反比例"的名称和意义。此时，学生学习的方向已经明确，接下来的学习路线和学习工具就可以让学生自己来设计和寻找。关于学习路线，学生会借鉴前学经验，也会选择走一条在实例中的探究之路；关于学习工具，学生也会模仿学习"正比例"时所用的例题（如图8-3）的格式，对材料进行改编，使之变成"在路程一定的情况下，研究一辆汽车的行驶速度和行驶时间之间的关系"。在此意义上，"自助游"式的学习真正让学习成为学生自己的事情，并让学生在做自己的事情中"自编"出了教材。

例1 一辆汽车在公路上行驶，行驶的时间和路程如下表。

| 时间/时 | 1 | 2 | 3 | 4 | 5 | 6 |
|---|---|---|---|---|---|---|
| 路程/千米 | 80 | 160 | 240 | 320 | 400 | 480 |

图 8-3

当然，在知识的"自助游"中，学生也会遇到自己解决不了的问题："反比例还是比例吗？"此时又需要教师及时"导游"，把反比例的乘式改换成除式，让学生在除式中更形象地看出反比例"反"在哪里，感悟到反比例中两种变量变化方向相反这一知识表征。

如果说上述乘法口诀和正反比例的教学各课之间属于并列关系，先教其中的任何一课都可以让教学顺理成章，那么还有一种教材属于递进关系，不能任意改变知识的序列进行教学。对于这样必须按部就班教学的教材，例如对"认数"系列教材，学生就可以依照知识的生长图（如图8-4）来实现自我行走。

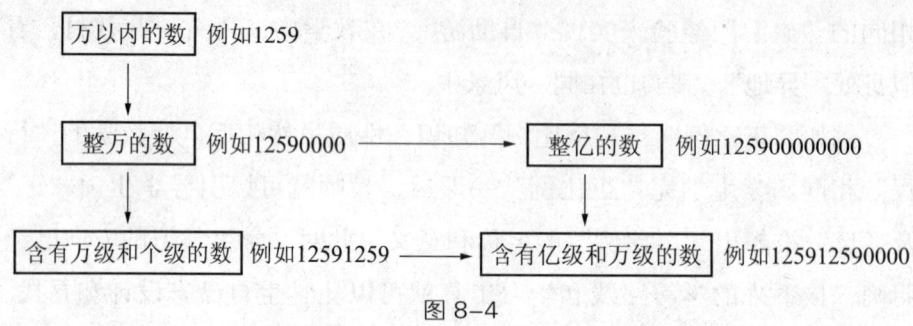

图 8-4

只需教完"万以内的数""整万的数""含有万级和个级的数"等课，有了这样的根基之后，教师就可以让学生根据前面知识的逻辑关系自行类推出"整亿的数"和"含有亿级和万级的数"。学生找到了知识学习的快捷方式之后，就能轻松地完成整体知识的同化和学习方法的同化。

如果说上述"认数"单元的知识"地图"的制图方式是学生边走边想，那么还有一种制图方式是教师在单元知识的一开始就完整地告诉学生，让学生在学习的一开始就明白最终要走到哪里、往哪里走、中途要经过哪些站点，这样的学习一开始就有了目标和方向，学生也能够清楚地看到自己学习的进程。当自己离目的地越来越近时，学生的成功感会越来越强，也就能够愉快地欣赏"沿途"的知识风景。

例如在学习"倍数和因数"时，教师可以明白地告诉学生学习本课知识最终是为了什么（如图8-5）。当学生看到这样的知识生长图后，也就看到了即将展开的"修学旅行"地图。

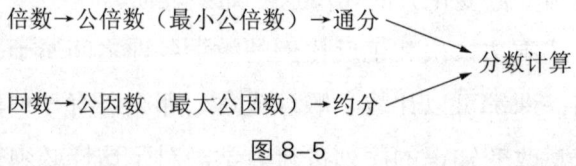

图 8-5

综上所述，知识有生长图，学习有程序图，两图合一，就形成了一张知识学习的"地图"。根据这张"地图"，学生的学习就有了目标、有了方向、有了线路、有了计划、有了办法、有了比照，就能够轻而易举地自行寻觅到知识的宝藏。

## 2. 让学生自己"修整"学习方向

　　一个西方学者到一处原始森林去探险考察，请了当地土著印第安人做导游。前三天，导游走得非常快。但三天之后，导游说什么也不走了，而是坐在原地休息。学者问其原因，导游说，我们这里有个风俗，行走太快了，必须休息一下，为的是让疲惫的灵魂赶上来。

　　走得太快，能有多少事物映入你的眼帘？！而当你停下来细细品位时，却会发现此处风景之美。有一次，我登浙江大明山，听别人说风景在山顶，为了能够早一些登高，我走得很快，途中只是为了让同事拍几张照片而短暂停留，之后又匆匆前行。回来后，在欣赏登山途中所拍的照片时，才发现照片中所拍摄到的沿途景色竟然那么美，我感慨万分，怎么当时就没有发现呢？我又想起了苏轼的小品文，说是自己登山，心里想着，登到上边的那个亭子歇息，就低着头登山，可是实在登不动了，只好坐下来。这时，凉风习习，极目远眺，风景怡人，顿觉心旷神怡。他突然悟到，此处有什么歇不得呢？都是给自己规定的目标限制了自己。

　　有三类人：直奔目的，忽略风景；忘却目的，偶尔驻足；保持平静的心从而更好地达到目的。这三类人，你更愿意当哪一类人？

　　阿尔卑斯山山谷中，在一条风景极佳的路上有一条标语："慢慢走，欣赏啊！"对此，朱光潜先生写道："许多人在这车如流水马如龙的世界过活，恰如在阿尔卑斯山山谷中乘汽车兜风，匆匆忙忙地急驰而过，无暇一回首流连风景，于是这丰富华丽的世界便成为一个了无生趣的囚牢。这是一件多么令人惋惜的事啊！"是啊！我们匆匆忙忙地过一辈子，只盯着前方的目标而忽视身旁的风景，这岂不是更大的遗憾？我们应该像土著印第安人导游那样，走一段必须停一下，让自己的灵魂赶上来，慢慢走，慢慢欣赏！

### （1）教师需要学会反思

上述道理迁移到教育中，就意味着一个人应该有反思意识。教师要教会学生"每日三省自身"。首先自己要学会反思，别一味地埋头苦干、蛮干，不妨多留点时间想想之前做了什么、做得怎样，想想有没有效果、为什么没有效果，最后想想应该怎么做、还能怎么做，如果经常进行这样的反思，始终保持清醒的头脑，就能让自己从烦琐的事务中走出来、从烦恼的困惑中走出来。每一个学生都是不同的，有时发生的事情表面上看是相同的，但隐藏在背后的原因是不同的，这就需要教师善于根据其中的蛛丝马迹思考，而不是简单地就事论事，让学生的身心受到不必要的伤害。

在教学中，同样需要教师的反思。上课不能一味地带着学生向前走而不做停留，教师要上好课，就必须学会每一节课后反思一下，想一想过去，再看一看未来，而不是不管昨天的学情如何，明天的教学依然按老路走下去，不做任何调整和修改。否则教学会缺乏针对性，要么学生的灵魂还没赶上来就又匆匆前行，要么学生的灵魂已经超前而教学却落于其后。

每天来去匆匆，没有时间整理自己的思绪，没有时间深度思考，没有时间调整前行的方向，很有可能，我们会做得疲惫而没有收获，辛苦工作一年，到年底盘点时，却发现收获甚微，这何尝不是一种遗憾？有位教育专家曾经说过，一位教师教一辈子书不一定能成为名师，但是如果坚持写三五年教学反思就很可能成为名师。这句话极有道理，如同土著印第安人停下脚步，等待灵魂的回归，且行且思，且思且行，可以使我们获得事业上的提升。

### （2）学生需要学会反思

学生要走好学习的每一步同样离不开反思。因此，教师不仅自己需

# 八、"旅行"对教育的启示

要反思,还要教会学生反思,对每一天、每一堂课、每一个知识点的学习都要及时而认真地反思,这样才能过好每一天、上好每一节课、学好每一个知识点。在教学中,教师应该重视每一个知识点、每一个环节、每一堂课、每一个单元、每一册教材的总结与反思,让学生一步一回头或几步一回头,这样才能步步为营,走好学习之路。

我曾经在小学数学青年骨干教师培训班组织了一次同课异构活动,请了一位名师和一位年轻教师同上"用替换策略解决问题"一课。在评课中,听课教师发现两位上课教师最大的不同是,在名师的课堂上,每一次教学活动之后都安排了对前后知识、异同知识、正误知识进行多次比较的环节,虽然名师讲授的内容比年轻教师少了一些,教学节奏也慢了一些,但学生学得更明白、更扎实。

反思,在形式上有"反过来想想"的意思,在程序上有"返回去想想"的意思。如果用"返回去想想"的思想设计一些知识的教学,或许能够让学生眼前一亮,领略到只向前看所看不到的风景。"返回去想想",一是返回去看看知识曾经走过的路,二是返回去看看学习曾经走过的路。

例如在小学数学教材中,"分数的认识"被分成了三个阶段。先是三年级上册教学"一个物体或一个图形的几分之几",然后是三年级下册教学"一个整体的几分之几",最后是五年级教学"分数的意义"。这三次教学的间隔时间比较长,在教学下一次"分数的认识"的时候,就非常需要学生"返回去想想",这样才能进一步认识分数。

三年级上册的"分数的认识"是分数知识的起始课,教材采用了生活中分东西的情景(如图8-6)——"把4只苹果平均分成

图 8-6

2份，每份得到2个苹果；把2瓶矿泉水平均分成2份，每份得到1瓶矿泉水；把1块蛋糕平均分成2份，每份得到半块蛋糕"，从分的结果能用整数表示到分的结果不能用整数表示，从而引出分数，体现了分数是"分出来的数"。

如果我们能够把知识"返回"到分数产生的历史，或许就会把教材呈现的"现代人分东西"的情景置换成"古代人分东西"的情景，从我们祖先分东西时的原始记录方法（如图8-7）引入教学，一方面可以让学生看到分数"发明"的过程，感受到人类的智慧；另一方面可以让学生看到分数的"原形"，并能从分数表示方法的象形中感受到分子与分母所代表的含义。

那么，教学三年级下册的"分数的认识"一课时，"返回去想想"会看到什么样的知识风景呢？在这节课的结束阶段，如果我们"返回"去看三年级上册"分数的认识"的教材例题的情境，会发现"把4只苹果平均分成2份，把

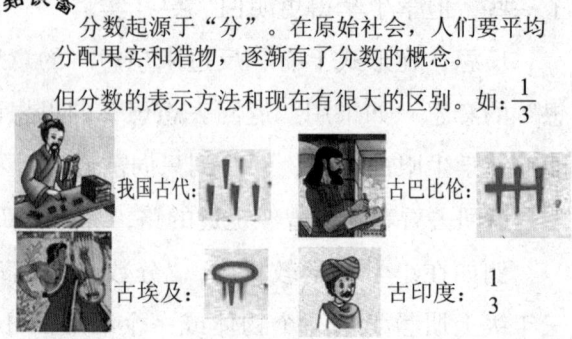

知识窗　分数起源于"分"。在原始社会，人们要平均分配果实和猎物，逐渐有了分数的概念。但分数的表示方法和现在有很大的区别。如：$\frac{1}{3}$

我国古代　古巴比伦

古埃及　古印度：$\frac{1}{3}$

再往后，阿拉伯人发明了分数线，分数的表示方法就成为现在这样了。

图8-7

2瓶矿泉水平均分成2份，把1块蛋糕平均分成2份"都可以用分数$\frac{1}{2}$表示，它们都表示一个整体的$\frac{1}{2}$，这样两节课之间的前后呼应让学生用学到的新知识重新研究老情境，同一情境两种解读，这样的比较可以加深学生对分数的认识——分数既可以表示具体数量，又可以表示两者关系。学生"拿着新船票登上老客船"，首先可以生发好奇，然后可以领略到别样的风景——感叹"竟然还能这样看"，从而开阔视野、加深认

识，所以这样的"返思"并不是教学的倒退，而是教学的进步。

当然，在上三年级下册"分数的认识"一课时，我们也可以一开始就拿三年级上册"分数的认识"的教材情境图代替教材原有情境图（如图 8-8）。不过，此时情境图中事物研究的顺序正好与前面相反，三年级上册"分数的认识"教学时，事物按"4 只苹果"→"2 瓶矿泉水"→"1 块蛋糕"的顺序依次登场，因为我们要让学生关注的是分得的结果这一具体数量的表示方法；而三年级下册"分数的认识"一课，情境图中的事物应反过来按"1 块蛋糕"→"2 瓶矿泉水"→"4 只苹果"的顺序依次登场，因为我们要让学生关注的是从"一个物体的几分之一"到"一个整体的几分之一"，其中"1 块蛋糕的 $\frac{1}{2}$"起着承上启下的作用。这样的旧题新作可以让学生直接获得"知识之间、教材之间乃至事物之间紧密联系着"的学习感悟乃至人生感悟。

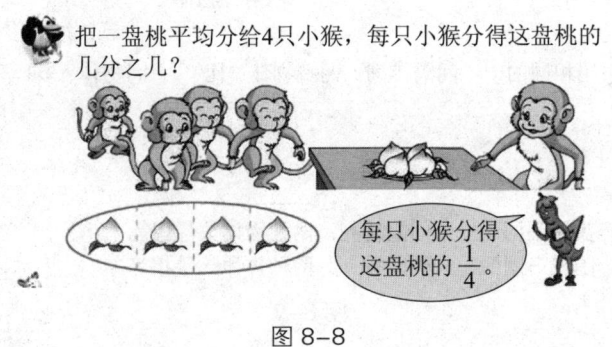

图 8-8

最后，五年级下册的"分数的认识"一课又该如何实现"返回去想想"呢？首先，因为离前面"分数的认识"学习时间较长，教师可以"返回去"帮助学生复习一下原来学过什么，在知识的整理过程中教师可以顺势进行知识的抽象，揭示分数的意义。如此顺"流"而下的教学会让学生感到学习是"简单"的，只是在原有知识道路上再向前跨一步。前半段教学的"返思"过程可以让学生自己完成，教师只需要适时隆重地介绍"单位'1'"这个新名词,当学生掌握了这一知识后,接下来的学习无疑就会一帆风顺。分数意义的概括也就可以让学生自己完成。

学生对知识内容、学习过程的反思不只局限于一个单元内,也可以发生在一节课内。一节课内的反思一般安排在小结之时和全课总结之时,特别是在全课总结时,教师应能够随着教学过程的进展为学生逐步描绘出一张知识"地图",以供学生依照教学的脉络也就是知识的脉络进行反思。

例如我曾经上过一节课"找——间隔的规律",在全课结束时,我为学生逐步板书了一张纵横交错的路线图(如图8-9),在这张知识的"地图"上,标出了知识的起点、知识的方向、知识的道路、知识的联系以及知识的目标,往哪里走、怎么走,学生一目了然。

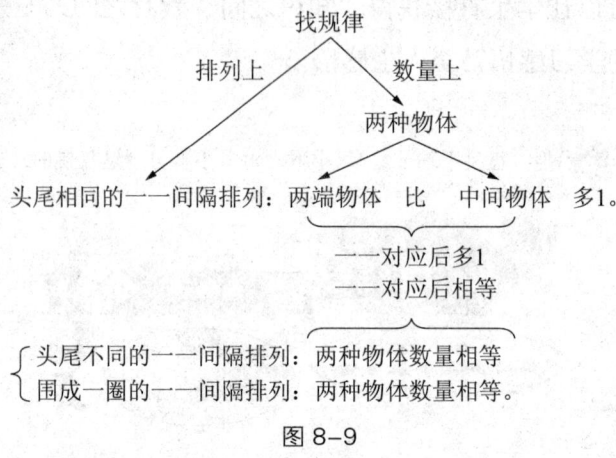

图 8-9

当然,一节课在全课总结时的板书既可以把本课教学的知识要点尽收囊中,也可以连接到下一节课的教学之路,从"地图"上就能让学生联想到下一节课的教学内容。例如"小数除以小数"一课,最后可以形成如下板书(见图8-10):

八、"旅行"对教育的启示

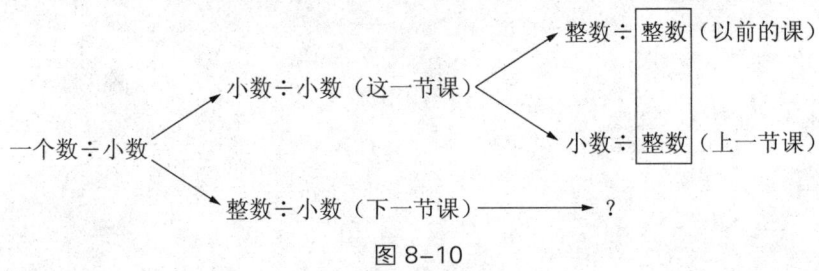

图 8-10

这样的板书所呈现的知识结构图,既让学生看到了知识的"过去",也让学生看到了知识的"现在",还让学生看到了知识的"将来",很好地展现了知识的来龙去脉,并能引导学生思考接下去的路该怎么走。当然,学生也能从这种学习"地图"中得到启发,猜测出接下去的"走法"。学习"地图"的图样和图意,有时可以引导学生"返思",有时还能够引导学生"翻思"。

> 聆"师"明言
>
> 教学是一段旅程。进程让学生明确,行程让学生设计,过程让学生体验。教师应做好学生"自助游"学习的"导"师。

# 第二部分

# 生活事物对教育的启示

# 九、"阳光"对教育的启示

## ——教师拿什么致学生正在驶去的青春？

教育是什么？曾有不少人提出这样的问题。我觉得教育像阳光，因为有这样一个比喻——学生如花朵，要想迎来花枝的茂密、花色的艳丽、花香的扑鼻，阳光给予的细心呵护和照料必不可少。

阳光象征着希望、温暖、光明，更象征着进取、自信、开朗、朝气。为此，许多学校提出"让阳光洒满校园，为孩子幸福奠基"的办学理念，实施以阳光管理、阳光课堂、阳光德育、阳光活动为主题的阳光教育，使学生在学校接触的景、物、人、事充满阳光，当然，最终的结果是要培养出阳光学生。

阳光学生的心理必定是积极的。心理学研究表明，具有积极情绪的人比一般人更能忍受痛苦。有一个实验：普通人把手伸入冰水中，只能忍受60~90秒，但在积极情绪测量中得分最高的人或者具有积极情绪的人，往往忍受的时间要长一些。

阳光学生的心态必定是乐观的。乐观的人寿命更长。塞利格曼调查了70个心脏病人，17个被测试为最悲观的病人中有16个没有经受住第二次心脏病发作而去世了，而19个被测试为最乐观的人中只有一个人被第二次心脏病的发作夺去了生命。乐观是抵抗疾病的第一道防线。乐观的学生很少得抑郁症，走向社会后，在工作成绩和社会地位方面均超过悲观的人。

"阳光教育"可以表述为关爱孩子、理解孩子、激励孩子,使他们成为性格活泼、自立自强、合群合作的一代新人的一种教育。借用陶行知先生对生活教育的界定,"阳光教育"可以简单表述为:"阳光的教育,用阳光实施的教育,使人变得像阳光一样灿烂的教育。"

## (一)让教育"普照"每一个学生

看到"阳光",我们首先会想到的是它的"普照"。看到"普照",我们首先会想到以下六个教育的关键词:生命、生活、生长、公平、主体、合作。

## 1. 生命、生活、生长

**(1)"阳光教育"应该是生命教育——像阳光那样滋养着生命**

对生命有敬畏之心,我们就会逐步形成自觉意识。学校教育的每个方面都要体现出对学生生命的呵护,教师教学的每个行为都要高度关注学生的生命状态。

**(2)"阳光教育"应该是生活教育——像阳光那样照耀着生活**

我们的教育应该基于生活、为了生活。长期以来,我们的教育受到本本主义的束缚,我们总是片面、感性地认为学校只是教师教书、学生读书的地方,事实上,学校是师生共同生活的地方,我们的教育行为只有植根于生活的土壤才能更亲切、自然,生发出无限活力。

### (3)"阳光教育"应该是生长教育——像阳光那样促进生长

生长就是发展,是教育的应有之义。教育发展的目标是学生的发展,既要重视全面发展,也要重视个性发展。在教育教学管理和日常的教育教学行为过程中,我们要关注每个学生发展的起点(最近发展区)和发展能力取向(多元智能),做到因材施教。

"阳光教育"是一种面向全体学生、面向学生发展的各个方面、面向学生发展的整个过程的教育,如果用一句话来说,就是"一切为了学生,为了一切学生,为了学生一切"。

## 2. 公平、主体、合作

### (1)"阳光教育"是一种公平的教育

一个大国的崛起往往伴随着以国家为主导的全民教育的普及。普鲁士国王威廉三世曾说:"从没有一个国家因为办教育办穷了,办亡国了。"阳光教育要做到全民教育的普及,把阳光洒向每一个学生尤其是有困难的学生,使每一个孩子都在公平的教育环境中成长。

由此我想到了夸美纽斯的教育名著《大教学论——把一切事物教给一切人的艺术》。夸美纽斯给《大教学论》加注这个副标题并不是毫无道理的。副标题突出了两个方面:一是"一切事物",它体现了夸美纽斯的泛智主义教育主张;另一个便是"一切人",夸美纽斯把"一切人"作为教育对象的思想,体现的恰恰是教育公平的思想。这和我国古代教育家孔子提出的"有教无类"的教育主张是一致的。

### (2)"阳光教育"是一种主体的教育

它将每一个孩子视为独特的生命主体、具有自身思想和情感的鲜活的生命。它尊重每一个孩子，尊重学生的个性发展和生活体验。它提倡对学生多理解、多赏识、多鼓励，使学生的个性和特长得到充分的发展。

### （3）"阳光教育"是一种合作的教育

它认为人不仅是自然人、生物人，更是文化人、社会人。随着未来社会竞争的日益激烈，社会分工的日益加强，它提倡合群、分作、分享，使孩子既能善待自己，又能正确地对待他人和社会。

夸美纽斯说："教师应当像全世界的太阳，站在高处，从哪里他都能同时对所有的人普照教学的光芒，而且同时能发出同样的光，均匀地照亮每一个人。"具体而言，作为一名教师，应当做到三个"不弃"：不抛弃穷学生，不放弃差学生，不嫌弃怪学生。这是一个教师的职业良心。有一次，我听到一位家长说，孩子读小学二年级，学习成绩很差，老师很无奈，找到家长，要求家长到医院给孩子开一份"弱智"证明，以证明孩子学习不好与老师无关。我听后非常吃惊，如果孩子看到这样的证明，会永远走不出心理的阴霾。

如果说穷学生、差学生、怪学生心中难免有阴影，需要"阳光"去驱散雾霾，那么是不是好学生的心理就充满阳光了呢？其实，好学生的日子也不好过，巨大的家庭压力和社会压力让他们不得不千方百计追求"第一"，想方设法保持"第一"，一旦落后一名，可能就会感到失败和痛苦，此时，如果教师还是一味地鞭策甚至指责，就可能会让学生的心情越发沉重。下面案例中的美国教授就很理解学生的心——

成绩全A的他竟拿到了第一个不是A的成绩！沮丧的他有点难为情地去见了美国指导教授，甚至，是带着歉意去的。然而，指导教授却十分开心地恭喜他——恭喜他没拿到A！教授语重心长地说："我真是太替你开心了！你从今日起，再也不必为拿A、拿高分而念书，你总算可以放胆去做更重要、更有价值的事情了！"

他问："可是什么才是更重要、更有价值的事呢？"教授笑着回答："去犯错与创新吧！去有计划地犯错、尝试创新。这才是有价值的！"

他如被当头棒喝，顿时醒悟：什么才是追求知识的本质？站在前人的肩膀上，不断寻求突破，继续为下一代积累新知，以创新造福人类社会，才是追求知识的本质。好吃的蛋糕是本质，而好成绩，只是用来装饰的美丽的奶油花朵罢了。①

有个朋友的女儿出国后，发现最受同学欢迎的不是学习成绩最好的，而往往是乐观开朗、健谈幽默、有组织能力、感染力强的同学。而在我国，许多好学生痴迷于科科得 A，除了从小相信认真念书就是为了好成绩，背后更深层次的原因是"怕输"。输不起的心理妨碍了学生对创新的尝试。由此，我想到了作家陈建功。陈建功幼时家贫，很羡慕条件好的同学，妈妈对他说："咱家不如人家，就不要跟人家去比吃穿。"他说："那我就比学习成绩。"妈妈又说："读书、学习不是怄气的事，干吗老想着'比'呢？你得学会把读书、学习、思考、创造都变成生活的一部分。"

如果我们把教师比作阳光、把学生比作幼苗，那么光合作用的比喻可以形象生动地阐释师生之间的关系。不过，要使幼苗根深叶茂，仅仅依靠空气、阳光和水是不够的，还需要增加氮、磷、钾等养分。对孩子的成长而言，"氮、磷、钾"就是智商、情商和意商三种品质。现在人们都很重视培养孩子的智商，却严重忽视了对孩子健康的情感和优秀意志品质的培养。在一定程度上，情商和意商对于人事业的成功比智商更为重要。

如果教师具有了"阳光教育"的理念，那么他们看待学生的态度也

---

① 郭瑞祥. 今天，教你最难的一课 [J]. 少年文摘，2014（2）. 有改动。

会随之发生变化。有一位校长曾经这样说过他的学生观:"在我的心目中,一个门门功课考 100 分的孩子未必是好孩子。而一个有着轻盈的步伐、爽朗的笑声、灿烂的笑脸和自信的目光的孩子,他即使没有门门功课满分,在我看来也是一个超级棒的孩子。"

## (二)让教育"温暖"每一个学生

看到"阳光",我们还能够想到的是它的"温暖"。看到"温暖",我们首先能够想到以下三个教育的关键词:关爱、期待、鼓励。

### 1. 关爱

教育的"温暖"体现在它是一种真情的关爱。印度诗人泰戈尔有这么一句爱情诗:"让我的爱像阳光一样,随时包围着你却又给你充分的自由。"用这句诗来解说教师与学生的关系也是恰当的。教师对学生的爱也应该像阳光一样,随时包围着学生并给他们充分的自由。

苏霍姆林斯基说过:"教师对学生由衷的关怀,是教育才能的血和肉。"教师是春天的太阳,为学生驱走心中的阴霾;教师是夏天的太阳,点燃学生求知的火种;教师是秋天的太阳,让学生体会到收获的快乐;教师是冬天的太阳,融化学生心中的坚冰。有这样一则寓言——

南风与北风打赌,看谁能够脱去一位农夫的衣服。北风自以为力气大,让人脱衣服不是难事,于是先来。它使劲地向农夫吹着寒冷的风,直吹得农夫浑身瑟瑟发抖,直打哆嗦。于是农夫不但不脱衣服,反而裹紧外衣,躲到背风的地方去了。北风只好无功而返。该南风了。它给农

## 九、"阳光"对教育的启示

夫送去温暖和风。农夫本来就在田野里劳动，身上出了热汗，经南风这么一吹，感到更加燥热，于是他放下手里的活儿，脱去衣服，又继续劳作。南风获得了胜利。

这个故事告诉我们，用温和的方式处理问题比用强制的手段更有效果。泰戈尔说："神的巨大权威在温和的风里，而不在狂风暴雨中。"南风效应也称为温暖法则，将其运用于教育，特别是用于对待那些在成长的道路上偶尔犯错的孩子，更有着神奇的力量。教育学生时，用强硬的手段往往达不到教育的效果，而采取温和的方式反而会使学生心悦诚服。名师魏书生说，当学生犯错误时，应先避开问题的实质，把学生从错误的阴影中带出来，让他们走到温暖的"阳光"下，给他们一个愉快的心境，用习习和风吹掉他们自我保护的"盔甲"，然后再耐心地进行说服教育。如此，何愁学生不向你敞开心扉呢？

法国作家罗曼·罗兰说："要播撒阳光到别人心里，先得自己心里有阳光。"的确，老师送人阳光，首先要使自己充满阳光。要使学生成为关爱自己、关爱他人、关爱社会的充满阳光的人，教师首先得有一颗阳光的心，温暖学生的心。澳大利亚优秀教师桑尼说过："教师要学会管理好自己的情绪，以豁达开朗、积极乐观的健康心态对待教学工作、对待学生。只要教师的言行、底蕴、心灵都像阳光一样纯洁、公正、热情，我们的学生就会时时处处感到温暖。"一个整日目光盯着社会阴暗面，觉得全世界的人都对不起自己，觉得自己怀才不遇、牢骚满腹的教师，怎么可能让学生感受到阳光？

一所好学校的标准不是它的硬件设施，而是有一批散发着阳光般魅力的教师。俄国教育家乌申斯基说："教师个人的范例，对于青年人的心灵，是任何东西都不可能代替的最有用的阳光。"我们每一位教师都应该成为学生的范例，言传身教，每一天都让学生看到自己的阳光形象。在走进学校、走进教室之前，不妨先诊一诊思想、正一正衣冠、整一整心情、振一振精神、增一增笑容,再实施接下来的教育教学。教育家张伯苓说得好:"人可以有霉运,但不可以有霉相!越是倒霉,越要面净发理、衣整鞋洁,让人一看就有清新、明爽、舒服的感觉,这样霉运很快就可以好转。"每天把牢骚拿出来晒晒太阳,心情就不会缺钙。否则,教师心情不好,就会导致学生心情不好;学生心情不好,就会导致上不好课。就如右边的漫画中所说的"人勿皱眉头,一皱'苦'上头。"如果教师总是皱着眉头教课,那么学生也会皱着眉头听课,结果常常是老师教得苦,学生学得苦——

人勿皱眉头,一皱"苦"上头。

上课前,我像往常一样来到教室。不过,我的脸上没有一丝笑容。就在刚才,因为几个学生课间打闹被学校值周生扣了分,我很生气,狠狠地批评了他们:这些小家伙,真是给点儿阳光就灿烂,就不该给他们好脸色。一给点儿好脸色他们就给你惹事。教室里静悄悄的,学生都端端正正地坐在座位上,没有了往日的窃窃私语。看到这些,我心想:"别看孩子小,都精着呢,会看脸色行事。还真不能纵容他们,关键时刻就得给他们点儿颜色看。"

孩子们抬头怯怯地看着我,又互相看看,那眼神分明在说:"看,老师生气了。"几个挨批评的孩子更是连头也不敢抬,只是往上翻着眼睛看我。我看了,不由得偷着乐——这些孩子!

开始上课了,我却发现有些不妙,孩子们没精打采的,虽然坐得很端正,但完全没有学习的积极性,课堂气氛很沉闷。尤其是那几个挨了批评的孩子,更像霜打了的茄子。

我站在讲台上,很无奈,也突然没了情绪。这样上课是不行的,我知道原因在哪里,我必须先调整自己的情绪,然后才能感染学生。自己不高兴，怎么能要求学生笑起来？想到这里，我努力调整了一下，微笑又回到了我的脸上。我亲切地对孩子们说："怎么，累了吗？那我们休息一会儿，老师讲故事给你们听，好吗？"听说要讲故事，孩子们稍稍有些兴奋，我给孩子们讲了《凿壁借光》的故事，又让课间挨批评的兰昊宇讲了一个小故事，并不失时机地表扬了他，我发现孩子们的眼睛亮了起来。于是，我对孩子们说："老师知道你们可爱学习了，我们上节课还剩几个字没写完，这节课我们怎么办呢？""写完！"孩子们异口同声地回答。"那好，如果你们累了，就告诉老师，我们就歇会儿，好吗？"我笑着看着孩子们说。"不累！"孩子们大声说。我笑了，孩子们也笑了。

我巡视着，表扬写字好的孩子，并不时地指导。孩子们也偶尔抬头看看我，眼睛里装满了快乐，尤其是被我表扬的孩子，更是写得认真……

看着这些孩子，我想：他们是只有六七岁的孩子，为什么不允许他们犯错误？为什么不给他们灿烂的微笑？①

教师只有自己内心先"阳光"起来，才能"照亮"孩子；而一旦孩子"阳光"起来，他就能像"光源"一样，既"照亮"他人，也"照亮"社会，使每个人都沐浴在和煦的"阳光"里。因此，"阳光教育"乃是一种使教师阳光、给学生阳光、让大家共同阳光的教育，是一种相互感染、呵护和促进的教育。

## 2. 期待

教育的"温暖"体现在它是一种殷切的期待。教师期待的目光会让

---

① 阳光教育．请带着微笑走来［OL］．［2010-05-11］http://jhlxbyx.blog.sohu.com/151024646.html．有改动．

学生觉得自己是老师心中重要的人；教师期待的话语会让学生产生力量与自信。利用学生这样的期待心理，教师可以把对学生的期待变成学生对教师的"依赖"，让学生产生责任与动力。下面的这位调皮学生就是在老师的"拉拢"中对老师产生了"依赖"，为了报答老师的看重而收敛自己、改变自己——

平时班里最坐不住且最令我头疼的仇玉洋今天在课堂上居然坐定了！更不可思议的是他还举手发言了！这是怎么回事？略一回忆，我想起了课前的那一幕：我走进教室，见他正低头捡起脚边的一张小纸片，我轻轻摸摸他的头，投去一个赞赏的眼神，悄悄地在他耳朵旁说了句："你真棒，老师真喜欢你！"难道，是这么一个眼神、一句话，让他开始改变了？要知道，这是个非常顽皮的孩子，每天他都会因为调皮捣蛋而遭到各科老师的批评。不管老师采取怎样激烈的措施，均不见效，甚至变本加厉。看来，赏识教育真的很神啊！

于是，我决定实施"阳光教育"："我请仇玉洋来读，因为他是现在坐得最端正的小朋友。""我又要奖励仇玉洋了，瞧他今天听课多专心啊！"……在大家羡慕的目光中，仇玉洋坚持专心地听了一节课。老师眼里很难调教的他原来也有"软肋"。

吃过午饭，仇玉洋又"活跃"起来，整个教室成了他的天下。"仇玉洋，"我走到他身边，拉起他的小手说，"孙老师一个人在这里批改作业好寂寞，你来陪陪我吧？"

"好啊。"他回答得干脆极了。他坐在我旁边偶尔看看我教其他孩子做作业，显得很安静，也很自在。见他无所事事，我请他看《十万个为什么》。见他看得投入，我继续批改起作业来。

上课铃声响了，仇玉洋乐颠颠地告诉我，以后每天他都要陪我批改

## 九、"阳光"对教育的启示

作业,因为今天他觉得好开心。①

在日常教育中,一些"钉子户"学生常常让教师感到头疼,甚至心生厌烦。其实,这样的学生最需要的是阳光般的温暖。有人曾经这样说过:"学生看起来最不值得爱的时候,恰是最需要爱的时候。如果你讨厌学生,那么你的教育还没开始,实质上就已经结束了。"

对调皮学生如此,对犯错误的学生也应如此。教师在处理学生犯错时,要理智、冷静、稳重,要三思而后言、三思而后行。宽容是使孩子内心发生变化的催化剂。孔子的学生子贡曾问孔子:"老师,有没有一个字,可以作为终身奉行的原则呢?"孔子说:"那大概就是'恕'吧。""恕"用今天的话来讲就是宽容。一个孩子问富兰克林:"我们要选择什么美德?"富兰克林回答说:"孩子,如果美德可以选择,请先把宽容挑选出来吧!因为宽容中包含着人生的大道理,没有宽容的生活,如在刀锋上行走。"人心不是靠武力征服的,而是靠宽容。宽容所引起的道德震动有时候比惩罚更为强烈。真正的宽容包括对错误和弱点的宽容。宽容学生的错误并不是软弱、妥协,而是给学生一个宽松的环境,使学生有反思的机会,让学生感受到老师的期待,把外在规范的约束变成自我的压力,进而转化为动力。

## 3. 鼓励

教育的"温暖"体现在它是一种及时的鼓励。对人的期待反映在语言上,常常就是对人的鼓励。美国心理学家查斯雷尔说:"称赞对鼓励人类灵魂而言,就像阳光一样,没有它就无法成长开花。"成功人士都有

---

① 孙爱兰. 让赏识的阳光照进孩子的心灵 [OL]. [2013-12-24]. http://www.ggedu.cn/contentlist_2571_30677.html. 有改动。

一个共同点：在他们小时候，经常被家人称赞"你很棒""你很聪明""你将来一定有出息"。世界三大男高音歌唱家之一帕瓦罗蒂还是孩子时，祖母常把他抱在膝上对他说："你将会成为一个了不起的人物，你不久就会明白的。"后来他当了小学教师，偶尔唱唱歌。但他的父亲不断鼓励他，说他唱歌很有潜力。他在22岁那年从事保险业，从而争取到比较充裕的时间练习唱歌。成名之后他说："如果没有父亲的激励，我就永远不会站在舞台上。老师培养训练了我，但是祖母的那句话让我用勇气和信心走向成功。"

我们在教育学生的时候，往往习惯于进行"耐心"的说教。其实，学生需要的并非那些道理，而是改过的信心和前进路上的激励。许多教师与学生的谈话之所以失败，就是因为教师往往站在高处俯视学生，话语中明白显示着两个字"教育"。对此，曾经有人这么说："当学生知道你在教育他的时候，你的教育就已经失败了。"

鼓励常用的一种做法是夸奖。"夸奖如阳光"，无论在东方还是在西方，人们都把由衷的夸奖看作人类心灵的甘泉。人人都希望被夸奖。教师要让孩子在夸奖中懂得守纪、在夸奖中懂得学习、在夸奖中懂得热情。有时候，夸奖能够取得立竿见影的教育效果，例如在下面的案例中，教师不经意的随口一夸竟然夸好了一位"差生"——

我们班的刘铭飞像个"软骨头"似的老是趴着，眼神呆滞，面无表情，有时候莫名其妙地自言自语、喋喋不休，好像同学们的欢笑、老师的唠叨都与他无关，做课堂练习更是拖拖拉拉，经常迟交作业。

最近我在教三位数的加减法，全班学生错得一塌糊涂。一次，在做练习时，全班学生都埋着头，飞快地写着。我边走边巡视，不知不觉走到了刘铭飞身边，我俯视着他的作业本，心里埋怨着：做得真慢，才做了三题。正想走开，不知怎的他的练习本落在了地上。我犹豫了一下，弯腰捡了起来，顺便看了一眼他的作业本，倒是做对了，于是我随口夸了他一句:"刘铭飞虽然做得慢,但做出来的都能保证做对,有进步,继续努力!"没想到就是这么一句简单、随意的话语竟给这张毫无表情的面孔注入了活力,他的眼睛里闪着兴奋的光芒,我发现他坐得从来也没有像今天这样端正。这一节课,他听得很认真。

接下来的课,他像喝了兴奋剂,上课举手发言;练习做对了,竟激动得高举双手用力地挥舞,连我也不自觉地跟着激动起来;下了课,他还经常拿着他的作业要求我帮着看一看……跟之前的他简直判若两人。看着他的努力与进步,我感到很欣慰。①

上述案例还可以带给我们这样一个思考:对于一些所谓的"差生",我们一定要做很多吗?其实,很多时候,我们什么也不用做,只需要一抹微笑、一句赞美、一声鼓励,甚至只需要一个眼神、一次抚摩,就能让孩子温暖一阵子甚至一辈子。孩子的要求不高,很容易被感动。下面案例中的孩子只是被老师抚摩了一下,就倍感温暖,由此认定"老师的手指是金色的,像阳光一样"——

儿子放学回家,对我说:"老师今天摸了我的头。"我心想:被老师摸一下头有什么了不起?我正忙着,没工夫搭理他,再说摸了就摸了嘛!儿子似乎有许多话要说,心有不甘地走出了书房……

晚上,躺在床上的儿子忽然爬起来说:"老师今天摸了我的头。"我只好问他被摸的感受。儿子说:"说不清,只是感觉特别好。"我启发他打个比喻,儿子抓耳挠腮了半天,说:"老师的手指像阳光一样,很暖。"被老师摸了一下头,就会有这样美好的感受?

一天,我看到了他的一首"诗":老师的手指是金色的/像阳光一样/

---

① 卢海霞. 请不要吝惜你的微笑[OL].[2007-07-31] http://blog.sina.com.cn/s/blog_4c9cae6a01000aaq.html. 有改动。

它放在我的脑壳上/它就能说话/说了好些没有说出来的话/我心里都听懂了。

或许老师是意味深长地摸了他的头，或许老师就是不经意地摸了他的头，没想到这一行为竟然让一个孩子的心里起了那么大的波澜。①

由此我想到这样一则动物趣闻：在水族馆，一条重达 8600 千克的大鲸鱼露出水面 6.6 米，为观众表演各种各样的动作。记者问鲸鱼训练师这个奇迹是怎样创造出来的。训练师向观众披露了其中的奥秘。在开始时他们把绳子放在水下，想办法使鲸鱼从绳子上方通过，通过了就给予奖励，比如给它鱼吃或者拍拍它的身体。当鲸鱼从绳子上方通过的次数逐渐多于从下方经过的次数时，再把绳子提高，只不过提高的速度必须很慢，不至让鲸鱼因失败过多而沮丧。

一条 8600 千克的巨鲸竟能露出水面 6.6 米，靠的就是训练师不断地赞赏和鼓励。赞赏是最好的激励，动物如此，何况人乎！在人的心灵深处有一种与生俱来的渴求——得到赞赏。赞赏和鼓励是真正引人向上的力量。

但愿我们的教师能够时时刻刻做到把学生放在心上、把笑意写在脸上、把鼓励挂在嘴上，这样，你的教育必定阳光，你的课堂必定阳光，你的学生必定阳光。

### 喻"师"明言

"阳光教育"，才能让学生的生命充满希望；"阳光教师"，才能让学生的心底充满温暖；"阳光教学"，才能让学生的思想充满智慧。

---

① 老师的手指是金色的，像阳光一样［OL］.［2009-07-28］. http://news.zaojiao.com/2009/0728/40936.html. 有改动。

# 十、"模特"对教育的启示

## ——教师如何展示自己的"人身"魅力？

如果在大城市的商业区看到一位穿泡泡袖或者公主裙的女白领，她的职务很可能是中低层秘书；如果一位女士穿着细高跟鞋和套装，还能大步流星地穿过马路，那她的职务肯定高于泡泡袖女孩。

按照日本时尚达人、专栏作家斋藤熏的说法，当今时尚的第一要素，就是"有型"远比"有貌"重要，"表面上，时尚和聪明并无太大关系，但有品位的人都会看上去很聪明。一个女人的打扮会直接暴露出她的智商，时尚就是这么可怕，同时也令人肃然起敬"。

要塑造"看上去聪明"的风格并不容易。在时尚领域，最能体现头脑聪明的不是衣服本身，而在于整体的搭配。对服装艺术、人体艺术一直进行专门研究的非模特莫属。不管是时装模特还是人体模特，都是时尚的弄潮儿，引领着公众的审美情趣与想象力。

21世纪的模特穿出的、走出的不仅是风采，而且是文化。模特本身的素质越高，文化层次越高，其表演和表现出的美的个性、美的气质、美的风韵就越耐人寻味。在模特这一行，气质的含金量绝对大于技巧，它反映了人的文化程度、道德品质、性格类型等内在素养，较高的文化素养能孕育出良好的气质。

由此我想，教师是否具有模特的特质呢？教师是先进思想和先进文化的代表，引领着学生成为时代的弄潮儿。在学校里，讲台就是一张教育教学的"T台",教师就是行走在这一"T台"上的教育教学"模特"。同样,教师的"有型"远比"有貌"重要,我们都知道,教师的思想人品、文化修养影响着学生的成长,其实,教师的服饰、打扮、姿态、气质同样会对学生造成一定的影响。

我又想,教师能否成为模特呢?人民网曾有一则题为"老师穿起靓装当起了模特"的新闻报道——

教师节来临之际,郑州市郑东新区聚源路小学的运动场变成了一个"T台"。老师们没有穿统一的制服,而是穿起了五颜六色的时装,当起了模特。这一次,小学生成了评委,10多个小学生认真给每一位出场的老师打起了分。

60多位老师一一亮相,一些男老师也加入了"走秀"的行列,看着摆出各种造型的老师,学生们惊讶极了:"没想到,我们的老师这么多才多艺。"

"这个教师节,我过得很开心,有种当明星的感觉。"周婷老师说。

是啊,平时学生看到的只是讲台上的老师,这次当模特有机会给学生展示自己,也让学生看到不同侧面的老师,从而拉近师生之间的距离。无独有偶,我又在浙江日报网上看到一则题为"小学教师集体上挂历,老师转身成了模特"的新闻报道——

2007年1月28日,郑州市纬五路一小分校的老师们收到一份学校赠送的新年礼物——一本由他们的靓照制成的挂历。短裙、皮靴,绚丽的毛衣、华美的流苏……上挂历的不仅有女老师,还有部分男老师。

"一月"画面上,女校长易芙蓉站在6名老师中央,双手做出两个牛头的样子,寓意学校越来越"牛"……最有创意的是语文组老师,在"五月"的画面上,7位青春靓丽的妙龄女老师或聚或散、或蹲或站,笑靥如花,袅娜生姿,共同构成了一道亮丽的风景。老师们很开心,学生和家长也热捧，200本挂历一下子就被抢光了。

虽然我们的教师未必都要成为舞台上和挂历中的"模特"，但他们都应该成为学生心目中的"模特"，成为学生学习的偶像和生活的榜样。为此，教师至少应该做到以下两点。

## （一）教师的身教——学生的行为模范

教师的言行举止都是学生模仿的内容。喜欢读书的教师，其班级中的学生也大多喜欢读书；书法漂亮的教师，班级中学生写的字也差不到哪里去。甚至教师的走路习惯，学生都可能模仿。我在小学教学时，课间经常背着手、低着头边走边思考问题，结果从同事那里获知在我走路的时候，背后经常跟着一群偷偷模仿我的调皮学生。

从教师的样子我们可以联想到学生的样子，反之，从学生的样子我们也可以推想教师的样子。早读时间路过一个班级，我透过窗户看到一个佩戴着班干部标志的小女孩在拍着讲台骂下面几个站着的、低着头的小男孩，估计是在教训早读不认真的同学。我推断她的班主任也是这个模样，后经了解，果然如此。

教师的身教就是最生动、最形象也最直接的教材，其作用远甚于言教，教师说一千遍不如做一遍。我们都知道"其身正，不令而行；其身不正，虽令不从"的道理。如果想让学生有礼貌，只需要你对学生有礼貌；如果想让学生爱读书，不必大讲特讲读书的好处，而只需要自己捧上一本书；如果想让学生做好操，你不必每天盯着学生的动作，而只需要站在队伍前领着学生做操，你认真了，学生自然会认真；如果想让学生写好字，你不必让学生重写甚至罚写，而只需要自己在教学板书时一笔一画地写好字、在批改作业时一笔一画地写好字，学生看到教师如此一丝不苟，自然也会好好写字。

我读初中时，英语老师写得一手好字，我情不自禁地模仿他的笔迹，结果别人都说我的字很像他的字。我做了小学教师后，也常常发现有许多学生的字或多或少像我的字。

教师是学生的"教育范儿"。教师即教育。教师站着，就是教育的人。研究表明，当学生认为教师"可信度"较高时，学生的不文明行为将大大减少。也就是说，教师可以自身行为来引导学生在课堂中的表现，使学生集中注意力。

另外，教师站到哪里，哪里就有教育的事。因为教师走到哪里，学生就会跟到哪里、聚到哪里。所以，高明的教师会有意识地在一些需要关心的学生那里多走走，让其他学生看到；高明的教师还会有意识地在一些"文化场所"多走走，让学生也能够喜欢老师喜欢的事情。

由此我想到生活中这样的情景：街道上紧邻的两家出售相同商品的小店，其中一家店的门前排着长长的队伍，另外一家却无人问津。按理说，当产品质量一样的时候，人们应该会选择去人少的那一家购买，因为这样可以节省时间成本。但是很多时候，实际情况与人们的理性认知是有偏差的。我们还发现这样的现象：你路过的某个小地摊本来一直没有人光顾，但是当你好奇地走过去在地摊前蹲下身子，不一会儿你的身边就陆陆续续地站满了人。由此可见，"排队"本身其实也是一种促销形式。如果能在开始时吸引两三个消费者进门，即使他们不消费，也会有客人源源不断地涌进来。人们的这种"跟风"行为，在心理学中有个专有的名字，叫"同调行动"。

相互不认识的人尚且如此跟风，何况教师与学生！在教育中，教师应该利用好学生的"同调行动"———一旦有几个学生跟来，就会有更多的学生跟来一看究竟。例如，如果你想让学生去看一看橱窗中的宣传内容，只需要在橱窗前多站一站，自然会引来学生与你并肩观看；如果你想让学生看一看校园里的鲜花，你只需要蹲在花丛中看一看、嗅一嗅，

十、"模特"对教育的启示

或拍一拍照片、画一画素描，用不了多久，就会引来越来越多的学生跟你一起观赏。

## （二）教师的身体——教学的知识模具

除了教师身上所表现出来的思想境界、精神面貌能够成为学生模仿的内容外，教师的人体艺术也可以成为一种教学艺术，教师的人体资源也可以成为一种教学资源。

### 1. 扮演好教学的"时装模特"

在教学中，教师可以让自己的穿着打扮成为知识的"形象代言人"。

#### （1）教师具有知识内涵的穿着

例如，江苏省无锡市东亭实验小学美术老师汪雪丹在上"相同图样排排队"一课时，考虑到内容主要讲的是二方连续，于是特意穿了一件有连续花纹的衣服。一上课，她就让学生观察老师的衣服有什么特点。又如我在杭州网上看到一则题为"课堂上老师穿恐龙睡衣为学生做模特"的新闻报道，那位美术老师的服装更奇特——

图 10-1

2013 年 5 月 14 日，杭州最高气温已经达到35.6℃。可是，杭州师范大学东城实验学校年轻美术教师曲懿还是套上了珊瑚绒恐龙睡衣，并将恐龙帽子套在头上，上一节"巨型恐龙"的美术课（见图10-1）。

当"笨拙"的"恐龙"出现在教室里时，整个班级马上沸腾了。"哇！老师怎么这么可爱，还拖着一个长长的尾巴？！"有的学生趁老师不注意，迅速地伸手摸了摸"恐龙"的尾巴。

曲懿说，恐龙已经灭绝，学生对恐龙的认识多来源于书本和网络。于是，她不仅号召学生准备恐龙玩具，还自己扮成恐龙，就是想让学生能够了解恐龙，提笔时知道怎么画。

"语文最后一课上'恐龙灭绝'，要是语文老师也让我们正大光明地玩玩具，那该有多好。"方晨曦觉得穿着恐龙衣的曲老师像动画片中的卡通人物，充满了亲和力，就连平时很"低调"、不愿意发言的学生也都频频举手。

"咦？老师什么时候来给我们上恐龙课啊？"下课时，其他班级的学生在窗口偷偷伸进脑袋想一探究竟。

学生看惯了教师平常的穿着打扮，一旦有一天教师的穿着打扮"不平常"，就很容易引起学生的注意和好奇。上述教学案例就取得了这样的视觉效果。

在服装表演中，模特与服装之间不仅仅是穿着与被穿着的关系，模特还是服装设计理念的表现者和传达者。在教学的"服装表演"中，教师不仅要通过服装设计传达好书本的知识语言，还要通过身体姿态表现好教学的肢体语言。什么是身体语言？《身体语言学》一书中解释说："人的身体可以用各种动作和姿态表达自己对周围的人或事物的思想感情，人们就把这种动作看作一种语言。"教师的身体语言不仅仅局限在美术教学中，其他学科的教学也非常需要。要做好知识的"模特"，教师首先要通过自己"模样的特别"来引起学生的关注，然后他们才会注意到你所代言的知识。

例如一节"对称图形"的数学课，一位教师穿了一件左右不对称的衣服走进教室，引来了学生好奇的目光，教师由此引入新知教学。另一位教师在上这一节课的时候也是拿衣服做文章，他故意扣错了纽扣，刚走进教室，学生就哄堂大笑，教师故作惊讶与不解，在学生的提醒中提出了"对称"问题。

又如一节"长方形、正方形、三角形、圆的认识"的数学课，教师穿的衣服上粘满了五颜六色的长方形、正方形、三角形、圆形贴纸，刚走进教室就引来学生的议论纷纷。有聪明的孩子问老师："这是不是给我们的奖品呀？"还有聪明的孩子说："这个肯定是今天要学的。"

**（2）教师具有知识内涵的打扮**

除了教师的穿着可以为知识服务，教师的打扮同样可以让教学生色。我曾经上过一节"找——间隔规律"的公开课。上课铃声响起，我戴着一条纸做的用红蓝相间的幸运星串成的大大的"项链"走进教室（见图10-2），便引来学生好奇的目光，看着学生充满疑惑的眼神，我还故意问："今天严老师漂亮吗？"学生也故意说："漂亮。"之后他们便爆发出一阵笑声。当学生笑完之后，我才一本正经地问："同学们，你们觉得今天严老师为什么戴上这样漂亮的'项链'？"学生面面相觑，我继续说道："这个答案，上课后你们就知道了。"这样，学生带着问号进入学习。在课即将结束时，我才取下戴了一节课、

图 10-2

也让学生关注和好奇了一节课的"项链",引导学生发现"围成一圈的一一间隔排列"可以转化成刚刚学过的"头尾不同的一一间隔排列",至此学生恍然大悟,明白了这条"项链"的妙用——原来它是一个知识的模型。

类似的例子还有很多。在模特表演中,为了使表演具有一定的深度,模特需要有扮演不同角色的能力。在教学中,教师为了"剧情"的需要,也需要有扮演不同角色的能力。有一位优秀中学教师分享他的亲身经历,有一节课让他 20 年未曾忘记,并深深影响了他之后的教育理念与方法:初中某次英语课,主题为"医院"。上课前,老师特意在头上和手臂上裹满纱布,将自己包扎成病人的模样,一走进教室就成功地引起了每个学生的好奇与关注。之后,老师并没有立刻开始讲授,而是让学生们在字典里尽可能找一些与医院、疾病有关的单词来形容他的样子,做场景描述。可以想象,在无比开心的氛围内,学生们不仅学会了"医院""医生""护士",还掌握了"急救车""心脏复苏""氧气面罩""骨折"等难度更高的词汇,并进行了大量生动的对话。一节英语课完全以学生为主体,充分调动了学生的主观能动性。

**(3) 教师具有知识内涵的形象**

上述故事是教师为了教学而故意创设的"受伤"情景,而下面的案例中数学特级教师华应龙的受伤却是真的,他把生活中的"事故"变成教学中的"故事"也是真的,让我们领略了华老师高超的教学智慧,也让我们领略了华老师高超的"模特"艺术——

2007 年的一个星期三,我重重地仰面摔倒在楼道里,后脑勺受伤。我去医院缝了六针,戴上了头罩。

周五有一节"中括号"的观摩课,我决定戴着帽子上课,于是买了我喜欢的印有"2008"字样和"中国印"的帽子。不管是夏天还是冬天,

## 十、"模特"对教育的启示

我都不戴帽子,更不用说戴着帽子进教室了。而且,我也没有看到过哪位老师戴着帽子上课的。戴着帽子上课一定很别扭。怎么才能让自己有个比较体面的交代呢?头磕破后的两天里,我一直在思索这个问题。

上课了。"小朋友们,此时此刻,看到站在讲台前的我,你最好奇的是什么?"在学生说出了我最特别的是"戴着帽子"后,我问:"我为什么要在头上加个帽子呢?"这与课上的算式中要"加上"一个中括号正好吻合。

有学生说我没有头发,有学生说我发型不好,有学生说戴帽子显得年轻,有学生说带着帽子特别有风度,有个学生说是为了推广2008年奥运会……听了学生五花八门的猜测后,我说:"帽子有各种各样的功能,可以是宣传,如美女头上的广告帽;也可以是提醒,如小学生头上的小黄帽;还可以是装饰,如大明星头上的帽子。可以是保暖,也可以是遮阳,还可以是遮羞。那我戴帽子到底是为什么呢?不告诉你,这是个谜。"我把总结落在功能上,与中括号的功能正好衔接。

下课时,我总结完中括号改变运算顺序的功能后,摘掉帽子,深深地一鞠躬。孩子们笑了,听课老师也鼓起了掌。是啊,不少听课的老师一定也是一脑子的不解:"怎么能戴帽子上课呢,耍什么酷?"

"哈哈,脑袋上加个帽子和算式中加个括号是一样的,都是因为有着某种需要,帽子和括号都有着特别的功能!"更热烈的掌声在礼堂里响了起来。有位老师说:"看到您戴着帽子,就知道里面有戏,但不知道是迫不得已。"[①]

上述案例中,华老师磕破脑袋是无意的,但把磕破的脑袋利用起来,让自己成为中括号知识的"模特",却是有心的。

---

① 华应龙. 我就是数学——华应龙教育随笔[M]. 上海:华东师范大学出版社,2009. 有改动。

## 2. 扮演好教学的"人体模特"

在教学中,教师可以让自己的人体造型成为知识的"形体代言人"。

**(1) 在教室中,教师可以为学生当"人体模特"**

江苏省沭阳县潼阳中学周永清校长就当了一回模特——

下午第一节课,是穆老师的美术公开课。穆老师让学生们同桌对望,用铅笔快速简单地把同桌的五官勾勒出来。待学生画好后,穆老师微笑着问学生:"人的五官好不好画?"学生们意见不一,穆老师就此导入新课"如何画人物肖像"。

新课结束后,穆老师要求学生完成一项课堂绘画作业:请两位参加听课的老师站到教室前边,让大家观察画肖像。结果我被点名了。

虽然平时我经常提倡听课的老师可以积极参与课堂活动,但这一次老师和同学们请我参与课堂活动,我还是有点儿感觉不自然。穆老师看到我站在教室前边有点紧张,便让我随和一些,可以拿本书翻一翻。渐渐地我的紧张感消除了。我注意到学生用心地观察着,在作业纸上认真地画着、改着。在评点过程中,我完全忘记了自己听课者的身份,忘情地与学生一起欢快地笑着、欢呼着,这真是令我感到非常愉快的一次听课活动。

在教学中,教师也是教学资源,凡是用得着教师的地方,教师就应该为学生的学习挺"身"而出,为学生、为知识当一回"模特"又何妨?!

教师的身体姿势可以用作教学材料,教师的身体部位也可以用作教学材料。人们常说,"人在江湖,身不由己",其实,人在教育,有时候也会身不由己。因为身为教师,你的人就属于教育、属于学生。当教育

## 十、"模特"对教育的启示

需要你时,当学生需要你时,你也应该以"身"相许,为学生的学习身体力行,这是做教师的使命和责任。

由上述案例我们可以发现,孩子最喜欢拿老师的身体做文章,这是因为在学校里,教师是学生最亲近的人。教师千万别误以为这是学生在拿你开玩笑,事实恰恰相反,这是学生喜欢你的表现。在下面的案例中,当学生学习了新方法后,突然想在老师身上试试身手,教师很开心地同意了,教学充满了浓浓的人情味——

桌子、铅笔和手臂的长度都量过了。"老师,我想测测你的腰围。"同学们都转过头看着这个瘦男孩,尔后又看向老师。

老师笑道:"好啊,你来量吧。"小男孩拿着尺子,用手按住尺子的一端,让尺子在老师的肚皮上翻着跟头,他说出了一个答案:"87厘米。"

"不错,他量得很认真,答案也比较接近。但是,其他同学有没有更好的办法测得更准确一些?"

"老师,我有,我用手。我一拃是11厘米,我看是几拃就知道了。"小女孩的手在老师的腰上爬,爬了一圈之后,她报出了答案:"89厘米。"

"有没有更好的办法?"笑容在老师的脸上绽放。

"老师,你把腰带解下来,我们一量就知道了。"老师一边笑,一边解下腰带。小同学量出的尺寸是90厘米,这当然是最准确的一个答案。①

上述案例,学生在测量活动中打起了老师的主意,要求把老师的身体当作他们的测量对象,而老师很愉快并很有耐心地配合着学生。

---

① 魏振强. 老师的腰围[J]. 少年文摘,2004(11). 有改动。

### (2) 在考场中，教师可以为学生当"人体模特"

2006年3月11日是湖北省美术联考的日子。考试中，监考老师们遇到一件尴尬事：试题要求监考教师做考生的模特。在第二部分速写阶段，试题上画着一个人弯腰扫地的姿势，要求两位监考老师也拿着扫帚弯腰做这个姿势，时间是15分钟。无独有偶，2011年1月22日华中师范大学举行高考美术专业测试，一道以"看报纸的监考老师"为题的速写考试题让考生感觉无比新奇。待考生们全部进场后，工作人员给监考老师一份报纸，"委托"他充当"模特"。

上述教师"人体模特"注重的是造型，只需要学生看，而我在《成都商报》上看到的一则新闻中的教师"人体模特"，竟然任由学生在教师的脸上涂画——

9岁的李嘉宇拿起绿笔，把眼前这位脸庞宽厚的老师涂成绿鼻子；另一个穿黄衣服的女孩，大胆选择了一支橙色笔，在老师的额头上写下"王"字。

这位任由孩子将自己涂成"大花脸"的老师，就是中国美术家协会少艺委常务副主任兼秘书长龙念南。作为青苗计划的顾问，这个国内少儿美术界"教父级"人物专程飞抵成都，连续两天为"青苗娃娃"授课。

这是一堂充满笑声的美术课。一群6～8岁的孩子整齐地坐好，龙念南让每人选4支喜欢的彩笔。孩子们齐刷刷上前，女孩挑的暖色居多，男孩则偏重棕色等沉稳的颜色。忽然，教室屏幕上映出一张张脸谱，脸上画着弯月牙的包青天、脑门上有一株灵芝草的后羿、满脸通红的关公……"现在，大家可以拿起刚才选的笔，在小伙伴脸上画脸谱，就像这些图片一样。"龙念南柔和地说。

什么？在脸上画画！孩子们的眼睛瞪得圆溜溜的。8岁的张思微成为第一个"吃螃蟹"的人，她给同桌尹睿婷画了一张"熊猫宝宝"脸谱。

看着两个小伙伴很好玩的样子,其他孩子也纷纷拿起了笔。9岁的李嘉宇更是大胆,向龙念南提出要在他的脸上画。10秒钟后,龙念南多了一个绿鼻子。其他孩子也叫嚷着要在老师的脸上抹一笔,龙念南于是坐下来,任由每一个孩子发挥。

龙念南介绍说,这种互相画脸谱的方式主要训练孩子对色彩的感觉,孩子们使用的这种固体水粉笔,对人的皮肤没有伤害,用湿纸巾一擦就干净了。

> **聆"师"明言**
>
> 教师身为教育人,整个人生都应该毫不犹豫地奉献给学生的"成"人教育,整个人身都应该毫不保留地贡献给学生的知"识"教学。

# 十一、"鲶鱼"对教育的启示

——怎样能够搅动学校这"一池春水"？

挪威人喜欢吃沙丁鱼，尤其是活鱼，市场上活沙丁鱼的价格要比死鱼高很多，所以渔民总是千方百计地想办法让沙丁鱼活着回到渔港。可是虽然经过种种努力，绝大部分沙丁鱼还是在途中因窒息而死亡。但却有一条渔船总能让大部分沙丁鱼活着回到渔港，船长严格保守着秘密。直到船长去世，谜底才被揭开。原来是船长在装满沙丁鱼的鱼槽里放进了一条以鱼为主要食物的鲶鱼。鲶鱼进入鱼槽后，由于环境陌生，便四处游动。沙丁鱼见了鲶鱼十分紧张，左冲右突，四处躲避，加速游动。于是，一条条沙丁鱼欢蹦乱跳地回到了渔港。这就是著名的"鲶鱼效应"。

"鲶鱼效应"给我们的启示是：人们在安逸的环境里工作往往按部就班，缺乏创新，长此以往会使人变得平庸，慢慢地就不能适应发展的需要，而适当的压力却能够激活人的动力和创造力。加拿大心理学家汉斯·塞利的研究也表明：适度的压力会使个体的生物性行为和正向的适应性行为增多，如进食增多、警惕性提高、精力集中等；相对而言，个体更容易接受他人的意见和指导，以学到一些对待事物比较适当的态度和处理问题的良好技巧。

"鲶鱼效应"应用到企业中，是激发员工活力的有效措施之一，日本的本田公司就做得非常出色。"鲶鱼效应"把那些富有朝气、思维敏捷、能力强的年轻生力军引入到团队中，给那些固步自封、因循守旧的懒惰队员带来竞争压力，这样能唤起"沙丁鱼"们的生存意识和竞争求胜之心。

"鲶鱼效应"同样适用于学校教育。美国思想家梭罗认为"更好的教育"是"一方池塘"，我国著名社会学家潘光旦认为教育就是"让学生像小鱼那样在池塘中快乐游弋"，当然，除了学生还有教师。然而，要让这方池塘的池水活动起来，同样需要引进"鲶鱼"，把学校教育搞活。

## （一）校长可以是"鲶鱼"

在当前的教师团队中，部分中小学教师职业倦怠严重，工作激情不足，已经成为困扰学校发展的难题。管理者要想搅活学校这"一池春水"，激发教师的动力，提升学校管理的效益，也需要一条活跃的"鲶鱼"来搅动一番。这条搅动学校全局的"鲶鱼"可以是校长的所作所为。

作为一校之长，应当具有不断上进的"鲶鱼品质"。俗话说："一个好校长就是一所好学校。"我们常常发现，当一所普通的学校换了一位好校长，从学校的外部环境到师生的精神面貌，短时间内都能得到快速的转变。原因何在？在于校长的工作作风、思想观念、行为方式对全校教职员工产生了积极向上的影响，校长无形中充当了"鲶鱼"的角色，给原本平静的学校生活注入了活力。

不过，时过会境迁，校长的"鲶鱼效应"会越来越弱，要能够保持"鲶鱼效应"，就需要校长永不停步的坚持和永不满足的追求。例如：校长要想让教师坚持读书，自己首先要坚持读书；校长要想让教师喜欢上课，自己首先要喜欢上课。有一位校长坚持每周到一个年级上一节课和听一节课，结果这些年级的教师很紧张，忙着听课，忙着评课，忙着备课，都不想让自己的课落后。很多时候，校长就是教职员工行动的方向标，校长的价值取向会影响教职员工的价值取向，校长的行为会影响教职员工的行为。

"鲶鱼效应"的创新与精髓在于,在沙丁鱼群中引进异类,利用鲶鱼不同的生活习性打破沙丁鱼群原本的生存状态,引发环境的突变,从而促使沙丁鱼主体自我的适应与改进。对于学校管理者而言,这种外部促动的方式同样是提高管理效能的重要方式。一些学校教师之所以满足于现状,工作动力不足,停滞不前,很大原因在于教师长期处于封闭的小天地内,教育视野不宽,教育思考不深,教育目标不明。要想引起教师行为的改变,除了校长的促动和带动之外,还应当从思想上入手,让教师有机会接触到更先进的教育理念、更彻底的教育改革、更丰盈的精神生活。因而,管理者应当为教师提供可借鉴的发展样本,让教师有机会见识到有别于本体的"鲶鱼活体",从而促使教师主动向"鲶鱼活体"靠近,追求专业提升与发展。

## (二)教师可以是"鲶鱼"

在教师管理中,我们要放弃只用"沙丁鱼"型教师追求学校稳定的模式,敢于启用"鲶鱼"型教师,调动学校所有人员特别是"沙丁鱼"型教师的积极性,进而逐步增强学校自身的核心竞争力。

没有压力就没有动力,危机和竞争中蕴含着机遇。教师要发展,就要具备适度的危机意识。危机的存在能够改变教师的惰性。"沙丁鱼"型教师因处在没有危机的环境中,逐步缺乏忧患意识,安于现状,不思进取。而"鲶鱼"型教师的加入,使"沙丁鱼"型教师感到自己的"面包"就要被这些竞争对手"抢走"了,便产生了紧迫感和危机感,不得不有所作为。

例如,有一所学校的门卫人员工作不积极,让学校领导颇为头疼。后来学校想出一招,多招一个门卫人员作为后备。如果谁做不好工作,就由后备者上。结果原来的门卫人员一改懒散的状态,高标准地做好了本职工作。

又如,有一所学校在高三年级调入了两个年富力强的中层干部,他们的工作热情给其他教师带来了很大的压力,也给年轻教师以很好的示范。

《好妈妈胜过好老师》的作者尹建莉在为《第56号教室的奇迹》所写的序言中指出:"一间教室能给孩子们带来什么,取决于教室桌椅之外的空白处流动着什么。相同面积的教室,有的显得很小,让人感到局促和狭隘;有的显得很大,让人觉得有无限伸展的可能。是什么东西在决定教室的尺度?教师,尤其是小学教师。他的面貌,决定了教室的内容;他的气度,决定了教室的容量。"在课堂教学中,教师的面貌也可以是一条"鲶鱼",搅动起学生学习的浪花,从而创造出教育的奇迹。

不过,熟悉的地方没有风景,熟悉的教师也没有风景。所以,有时教师的一反常态能够引起"鲶鱼效应",吸引学生的注意。其中,有一种常用的做法是故意犯傻、故意犯错、故意搞怪。在平常的教学中,都是学生犯傻,突然有一天教师"傻"了,无疑会激起学生出手相救的劲头;在平常的教学中,都是学生犯错,突然有一天教师"错"了,无疑会激起学生出手相助的劲头。此外,教师故意和学生唱反调,或说一些过头、过激的话,同样能够激起学生的好胜心。例如学生说班门不能弄斧,教师说班门就要弄斧;学生说王婆卖瓜不该自卖自夸,教师说王婆卖瓜就要自卖自夸;学生说近墨者黑,教师说近墨者未必黑或近墨者白……

我曾经教过一节"真分数和假分数"数学课,在课即将结束的时候,我故意装傻问学生:"假分数是分数吗?"许多学生回答"是"后对我的反常表示怀疑。我怪笑着对学生的回答表示反对:"我觉得假分数是假的分数。"学生"啊"声一片,随后有几个学生发出了"哦"的声音,他们觉得我说的有理:"假分数都可以变成整数或带分数,所以严老师认为假分数是假的分数。"在其他学生"哦"声一片中,我再次怪笑着反对:"我现在又觉得,假分数是真的分数。"学生一下子被我的怪论蒙住了，随即反应过来，"哈"声一片："假分数当然是真的分数啦，它本来就符合分数的意义嘛。"我在课尾设计的多次唱反调，引发了学生对知识的思辨，加深了学生对知识的理解，这样的全课总结新颖别致、意味深长，让学生回味无穷。

## （三）学生可以是"鲶鱼"

在学校中，一个班级就是一个团队，需要从外部或内部不断地给它活力和压力它才能拥有动力；动力不足，它就有可能进展迟缓或停滞不前。当一个班级内部的每一个学生都达到相对稳定的状态时，常常就意味着这个班级内大多数学生积极性的降低，"一团和气"有时候就是"一团死气"，这样的班集体不一定是高效率的集体，这时候"鲶鱼效应"将起到很好的调动和激活作用。一个班级中，如果始终有一个或几个"鲶鱼型"的学生，无疑会激活班集体，提高学生们的学习效率。

### 1. 水平不同可以产生"鲶鱼效应"

例如在书法教学中，日复一日、年复一年固定不变的练习极易让学生产生枯燥、乏味感，加上相差无几的书写水平，使学生没有竞争、不思进取，从而造成书写水平的停滞不前。只要在班级这个"船舱"中放进几条生机勃勃的"鲶鱼"，就能打破死气沉沉的局面。这里的"鲶鱼"指的是对书法有着强烈兴趣和突出成绩的尖子学生，他们的勤学苦练和浓厚的兴趣以及他们受到的教师的赞许……这一切都会影响其他学生，使他们有危机感，激发他们的自尊心和上进心，从而产生强烈的竞争意识。

因此，教师在教学中注意培养几个充满活力的尖子学生很有必要，在划分座位时也应考虑到尖子学生的合理搭配，让班级的每一个小组都有"鲶鱼",这样,满舱的"沙丁鱼"才会活跃起来。

## 2. 性情不同可以产生"鲶鱼效应"

### (1) 学生性格不同可以产生"鲶鱼效应"

活泼与沉静、激进与保守、粗放与细腻往往是相对的,如果将沉静、保守、细腻的人比作"沙丁鱼"的话,那么活泼、激进、粗放的人就相当于"鲶鱼"。我们往往有这样的体会:一个班中,只要有几个性格活泼外向的学生积极配合老师,就会带动整个班集体迅速地动起来,在愉快高效的氛围中不知不觉地完成教学任务。反之,如果缺乏这样活泼的分子,课堂就会沉闷而没有生机。

在班级生活中,我们还会发现一个性格内向的学生和一个性格外向的学生玩得很好,而两个性格相似的学生却很难有进一步的交往。学生交往中存在着"异性相吸"的现象,除了性别不同的人容易互相吸引之外,性格不同的人也容易互相吸引,即性格互补。

有一种管理思想:在一个群体中,如果个体没有差异,个个安分守纪,就会丧失活力。从这一点上看,班级中有几个不太安分的学生还是有好处的,过分的纯净会扼杀群体的生命力。

一个班级如果管得过严、限制过多,它往往就会缺乏活力,气氛比较沉闷。长期在这种环境中生活的学生,做事总是缩手缩脚、怕这怕那。中国历来的教育很少鼓励创新精神,学校里"好学生"的重要标准是"分数高,纪律好,不淘气",殊不知,学生们的"调皮捣蛋"中往往闪烁着创新的火花。据报道,在哈尔滨市继红小学举办的科技月活动中,教师们意外地发现一个耐人寻味的现象:"小小发明家"中,竟有六成以上是平时的"小淘气"。

因此,班主任在管理班级时一定要有这样的认识:平时在学生中出现这样或那样的事情是很正常的,也是很难避免的,如果我们事无巨细每一件都管,不但劳神费力,而且不利于学生的发展,所以有时对有些事采取"睁一只眼闭一只眼"的做法也许更有利于学生的发展。当然,如果"鲶鱼"不但乱钻,而且乱咬,使"沙丁鱼"受到伤害,这样的"鲶鱼"应该及时处理。

**(2) 学生人情不同可以产生"鲶鱼效应"**

长期以来,我们习惯于认为正襟危坐、洗耳恭听的学生才是好学生,鸦雀无声、规规矩矩的班级才是好班级。若有学生不举手便插话,就是违反课堂纪律的表现;若有学生异想天开、提出异议,便有调皮捣蛋之嫌。在传统的教学活动中,教师往往要求学生先举手,征得教师同意后再发言,这样在课堂上基本杜绝了插嘴现象。其实可以把这几个插嘴学生看作学习中的"鲶鱼",教师如果合理利用"鲶鱼"的搅动能量,可以活跃课堂气氛,带动其他学生积极思维。例如下面这节课的精彩之处就源于插嘴学生所擦出来的思维火花——

一天,我正讲着欧·亨利的《麦琪的礼物》,突然有个学生喊:"这两个人都是笨蛋!"直觉告诉我,这个学生无疑是我想要的"鲶鱼",于是我问他:"你为什么会认为这两个人是笨蛋呢?"他回答:"因为这两个人事先都没有商量,就都把自己最值钱的东西卖了,最后换来的东西又都是不能用的。"然后我就让学生们讨论、评价:"他的观点对不对?为什么?"接下来的讨论很踊跃,最后大家一致认为两个主人公虽然看似做了件傻事,但体现了两个人之间真诚的关爱,虽然心爱的东西都没有了,但两个人得到了幸福。

通过这个活动,学生们尤其是那个做出了"失误评价"的插嘴学生获益匪浅,因为是他们自己找出了课文的重点,自己做出了评价,又自己通过讨论真正领悟到了这篇小说的真谛。

十一、"鲶鱼"对教育的启示

课文结束时，我对参与活动的所有学生，尤其是那个插嘴学生给予了表扬。从那以后，这个学生对我特别尊敬，上课也更加认真。①

2000年3月，华东师范大学课程与教学研究所的"博士论坛"上对上课"插嘴"问题展开了热烈的讨论。尽管专家们认为"插嘴"的确会在不同程度上影响课堂秩序，但是从另一个角度看，也有它积极的意义。刘克文认为："'插嘴'至少能证明两点：学生认真听了；学生对老师讲的内容认真思考了。"这句话确实有道理，如果不注意听，是不可能及时插嘴的，而且积极主动地插嘴也正说明他在积极主动地思考，不仅在思考，而且有所收获，因而迫不及待要说出来。而"打岔"这一现象存在着同样的理由：有时是因为学生对老师讲的问题没有弄懂或者有异议；有时是因为学生对老师讲课的内容产生浓厚的兴趣而忍不住附和。在这两种情况下，学生的思维都是积极围绕教学内容的。

学生上课时随意插嘴也可能是潜在思维所致。潜在思维是相对于显性思维而言的，是本人意识不到、不能直接加以控制却能独立进行信息处理的一种思考问题的方式。潜在思维是在潜意识基础上发展起来的，是潜意识的高级形式。关于潜在思维和显性思维，心理学家弗洛伊德曾做了一个极为形象的比喻："我在大厅中讲课，有个学生大吵大闹，妨碍别人听课。我便将这个学生赶了出去，同时把守大门，不让他进来捣乱。那个学生就是潜在思维，我就是显性思维。"潜在思维并不都是消极的，有许多发明创造就是潜在思维的成果。如瓦特发明高效率的蒸汽机，门捷列夫发现元素周期律，阿基米德提出阿基米德定律等，便是潜在思维的作用。所以，我们不能一味否定学生的插嘴。

"鲶鱼"型学生大多比较调皮，也比较勇敢。有一位教师教过这样一个班级：上课提问没有学生举手回答问题，即使点名学生也站着不

---

① 何荣. "鲶鱼效应"在中学语文阅读教学中的运用［J］. 文教资料，2011（8）. 有改动。

答，课堂气氛很沉闷，作业、测验情况都不理想。有一次上课，教师抱着试一试的态度说："书上的内容每个人都可以到讲台上来讲，当一回小老师，讲错了没关系。"结果敢来一试的竟然是两个平时在课上调皮捣蛋的学生。他们讲得不错，课堂气氛很活跃。可以说，是这两条"鲶鱼"救活了课堂。

在现实教学中，教师之所以不让学生插嘴，一是怕学生插嘴扰乱了教学秩序，二是怕学生乱说给自己带来不必要的麻烦。其实，学生插嘴中夹杂着错误并不可怕，反而便于教师及时把握学生认知和思维的状态，进行针对性教学。

## 3. 位置不同可以产生"鲶鱼效应"

**（1）学生所处的地理位置不同可以产生"鲶鱼效应"**

据报道，被香港地区高校招收的内地学生成了当地学校中的一条条"鲶鱼"。调查显示，不少香港地区的学生担心自己的优势被内地同学取代，四成三的受访学生认为，自己在上进心和自我增值能力方面不及内地学生，在逆境中的处事能力也有欠缺。以学习勤奋、吃苦耐劳闻名的内地学生一旦克服语言、生活等不适应，就能在香港地区的高校内崭露头角。虽然在香港地区读大学的内地学生不算多，但已经让香港地区学生产生了不小压力。

**（2）学生所处的管理位置不同可以产生"鲶鱼效应"**

例如班级常规管理模式往往是由班委、课代表及组长等组成的，但随着时间的推移，学生对教师的了解度以及学生之间的熟悉度不断增加，班级管理不再神秘，就会出现管理"疲劳"的情况。对此，有一位教师采用新旧结合的管理方法，经常推出"特派员""监督员""情报员"

## 十一、"鲶鱼"对教育的启示

等新的职务,这些"新"管理者就成了打破平静局面的"鲶鱼"。他们的来源可以是常规管理者,如实行轮换制度,常见的是"推磨"式轮换(第一组组长到第二组去监督,第二组组长到第三组去,依此类推,最后一组组长到第一组来),也可按照一定的数列组合实行轮换,另一种是直接新任命,可以任命一些自愿报名的学生,也可任命一些"意想不到"的学生,尤其是在班级中受"冷落"的学生,找到他们的"闪光之处",让他们成为班级新的动力。

好学生可以做"鲶鱼",有时候一些所谓的"坏学生"也可以做"鲶鱼"。这些"坏学生"虽然所占比例不大,然而他们在班级管理中的影响却不容小觑。这些学生很容易被教师和同学孤立成小团体,与同学关系紧张,与老师关系不协调。然而"人有所短,必有所长",我们应该看到这部分学生的"鲶鱼"作用,比如他们在班里有一定的号召力,可以很轻易地拉拢和煽动一批人,特别是那些让教师头疼的捣蛋鬼,这样的能力有时甚至超过班主任。因此,抓住一个这样的学生,就能抓住一批这样的学生。例如,有一位聪明的班主任就把一个"鲶鱼"学生纳入了班委,发挥他的特长,让他做监督工作,处理同学之间的矛盾、帮助老师解决难题等,一段时间下来,整个班级的学习秩序越来越好,那些围着他转的"坏"学生也不再惹是生非了。

(3) 学生所处的学业位置可以产生"鲶鱼效应"

教师除了害怕犯思想错误的"坏学生",还害怕犯知识错误的"差学生"。其实,学生学习中的错误是不可避免的,不少教师视"错"为忌,认为学生出错是教学的失败,这种观点是错误的。学生的学习错误属于积极的生成教学资源。物理学家李政道曾经说过:"在科学上,要得到正确的东西,总是要先犯很多错误。如果你能把所有的错误都犯过,那最后就是正确的结果了。"所以,教师不妨把错误看作学生学习过程中的"鲶鱼",用错误引起学生的注意,用错误引发学生的思考,用错误引来学生的警惕。另外，利用好学生的错误，有时还可以带来教学中意想不到的精彩——

教学"用9的口诀求商"时，先复习"9的乘法口诀"，教师让学生用"9的乘法口诀"编除法算式。

生1：$9÷1$。

生2：$18÷2$。

生3：$45÷9$。

生4：$3÷9$。

生4刚说完，其他学生都喊起来："老师，他编错了。"这位同学低下了头。教师走到他身边，轻轻抚摩他的头说："同学们，其实他很了不起，这道题他没编错，只是要等到我们上五年级的时候才会做呢！"同学们都很诧异，过一会儿，教室里响起热烈的掌声，这位学生也抬起了头。

之后，教师灵机一动，趁机将这位学生的算式改编："谁能把'$3÷9$'中的'3'换一个数，使它成为一道我们目前能解决的除法算式？"

生1：把3换成27。

生2：把3换成72。

师：如果数字"3"不变，怎样添上一个数字合成一个新的数，使它成为一道除法算式呢？

生1：在"3"前添"6"，就是$63÷9=7$。

生2：在"3"后添"6"，就是$36÷9=4$。

……①

有些错误是由于误会引起的，其实误会也能够产生"鲶鱼效应"。误会原是小说、影视和戏剧作品常用的一种创作手法，作品中的人物一

---

① 本案例由江苏省无锡市锡山区东亭实验小学王瑛提供，有改动。

# 十一、"鲶鱼"对教育的启示

方误会另一方或双方互相产生误会,构成矛盾冲突,进而推动情节的发展。教师也可以在教学的过程中故意制造"误会",因为"误会"中饱含着一种有效的"激活机制",其作用如同"鲶鱼效应"。

例如一位语文教师教学《荷塘月色》,印发材料时故意抽掉第二自然段,并把原文引用的《西洲曲》改换成同是描写江南采莲的白居易的《采莲曲》:"菱叶萦波荷飐风,荷花深处小船返。逢郎无语低头笑,碧玉搔头落水中。"学生翻阅课本,发现少印了一段,对这样的"错误",教师却不认账,根据第一段最后一句"我悄悄地披了大衫,带上门出去"和下段首句"路上只我一个人,背着手踱着"之间紧密的衔接,坚持其正确。由此矛盾产生了,为了驳倒老师,学生深入细致地研读这必不可少的"第二段",最后形成共识:"曲折"的小路——"曲曲折折"的荷塘——曲曲折折的"不宁静"的心情,段中两个倒装句"树,蓊蓊郁郁的""月光也还是淡淡的"决定了全文的写景基调,"幽僻"和"寂寞"正是作者要寻找的"宁静"。到此,教师制造"误会"的目的已达到。

其实,从更广的方面看,只要能够造成学生认知冲突的情境都可以看作学习中的"鲶鱼"。认知心理学有一种理论——认知失衡,它是指学生的心理正常情况下处于平衡状态,但在学习过程中,由于感到一种来自于自己知识系统的积淀不能解决新问题或发觉目前的知识结构与自己大脑中已有的旧知识形成矛盾时,心中会产生认知冲突,达到"愤"、"悱"之境地,必须重新构建平衡。这时学生会主动探求新知识,于是课堂处在一种活跃的氛围下。

抓住认知冲突的教学实际上就是一种生成性教学,认知冲突在教学中就是一种有益的生成资源。认知心理学家研究发现:在认知冲突的情境中,学生大脑中的知识被激活,思维活跃,始终处于警觉与知觉充分集中状态,接受新知的目的性增强,接受效果好。而没有认知冲突的课堂,教学效果往往不佳。因此,教师要调动一切因素,在课堂中引进"鲶鱼效应",引发和运用认知冲突,激起所有学生的思维注意,让学生激情投入,主动参与。在认知冲突消弭的过程中,学生的自我满足感不断增强,主体地位得以凸显。

在教学中,有时教学目标太明确,反而会使学生产生惰性。教师应该通过有意识地拉大思维的跨度或提出与常规看法相悖的问题,设计开放性的问题和用常规方法无法解决的问题,巧妙地设置思维障碍,让学生经历思维上的挫折,引发认知冲突,把注意力集中到知识的重点和关键上,积极探索解决问题的方法。

## (四)评价可以是"鲶鱼"

管理学研究表明:一个人的潜力在正常状态下只发挥 50% 左右,而有效的激励则可使之提高 30% 左右。德国作家席勒有句名言:"还有比生命更重要的,那就是荣誉。"人活着更重要的是要有精神,而荣誉是人的精神生命。由此可见,荣誉也可以成为催人奋进的"鲶鱼"。在教学中,教师可充分利用学生的上进心和积极进取的精神,利用学生珍视荣誉、看重荣誉、爱护荣誉、争取荣誉的心理,采用多种多样、灵活有效的激励措施,充分激发学生的自尊心、自豪感和荣誉感,从而让学生积极、主动地学习。

传统的课堂是教师的"一言堂",新课改的过程中,大多数教师的困惑是,我们想把课堂交给它真正的主人——学生,但有许多学生明明对课堂上的问题胸有成竹,却坚持"沉默是金",不肯主动发言;或者课堂只是个别优秀者的"一言堂",其他学生只是倾听者甚至认为事不关己。此时,我们可以试着放入荣誉这条"鲶鱼",以求一石激起千层浪。有一位教师在课堂中就喜欢送荣誉——"综合表现最好的组""最佳组员""最具有团体精神的组""进步最大的组或个人""发言人数最多的组""最诚实的组""文状元"(往往是比口才获胜的称号)"武状元"(往往是比书写获胜的称号），等等。当然这也有一定的规则，比如"最具有团体精神的组"必须是某一项学习活动组内人人都主动参与，再如"进步最大的组或个人"往往创造机会送给那些平时不爱动的组或个人，又如"最诚实的组"是鼓励学生大胆地、如实地反馈学习情况以便教师调整教学。

除了表扬，有时批评也能够产生"鲶鱼效应"。学生由于心理和生理还处于成长阶段，是非观念有时候比较模糊，教师有责任对学生的过错及时提出批评，并帮助其改正。如果一味地"赏识"而不去批评，容易使学生自我满足、自以为是，从而扭曲学生的认知，有时甚至会纵容学生犯错，这也是对学生的不负责任。批评是为了"惩前毖后，治病救人"，只有如此，学生才能更深刻地认识到自己的错误并承担相应的责任。批评是必不可缺的，但也不可滥用，过多或过度的"鲶鱼"会促使"沙丁鱼"死亡，反而适得其反。

表扬和批评可以起到激励作用，此外，比赛也是制造"鲶鱼效应"的一种常用的激励方式。"鲶鱼效应"的本质其实就是竞争，而培养学生的竞争意识是素质教育的一个重要内容，因为通过学校教育培养出来的人最终要踏上社会大舞台。为了培养学生的竞争意识，有一位教师不把练习题同时平均发放，而是采取谁先做好第一张就到老师那儿换取第二张、第三张……的方法，这样就使学生产生了一种"我要做得又好又快"的动力，学生是把一个个竞争对手看作了"鲶鱼"。

最后，我需要提醒的是："鲶鱼"的数量并非多多益善，如果全是"鲶鱼"的话，整个团队就会"个个是英雄，整体是狗熊"，因为每条"鲶鱼"都想坚持自己的观点，合作和沟通会很难。

> 翰"师"明言
> 
> 教师的教学生活和学生的学习生活如果长期处于平常、平静、平稳、平淡、平安的局面，教师和学生可能会平凡甚至平庸。

# 十二、"音乐"对教育的启示

## ——如何让学生在"有声"中学得"有色"?

音乐是什么?音乐是人们抒发感情、表现感情、寄托感情的艺术。为什么音乐与人的感情相通呢?因为音与音衔接或重叠而产生了高低、疏密、强弱、浓淡、明暗、刚柔、起伏、断连等变化,它与人的脉搏律动和感情起伏等有一定的关联,特别是对人的心理会起到不能用言语形容的作用。因此,"音乐是感情的语言""乐与情通"。

在生活中,音乐可以让人消除工作紧张、减轻生活压力、避免各类慢性疾病等。医学研究发现,经常接触音乐会对人体的脑波、心跳、肠胃蠕动、神经感应等产生某些影响,有益于身心健康。据美国自然母亲网站 2013 年 12 月 9 日报道,英国坎特伯雷大学研究发现,经常唱歌有助于缓解慢性阻塞性肺病的症状,改善患者的呼吸状况。

"音乐治疗"就是基于音乐对人体的影响而发展起来的一门科学。英国的一位医生给一个患神经性胃痛的病人开了一张奇怪的处方,就是让病人听巴赫的乐曲唱片,每日听三次,病人果然恢复了健康。罗马的一位医生在给病人做手术时,除了用麻醉药之外,还加上音乐催眠,起到了良好的镇静作用。妇产科医生也让产妇听一些优美的音乐,以达到镇痛和催产作用。由此可见,心理上的调适能带来生理上的舒适。

除了镇静作用,音乐还有激情作用。著名画家达·芬奇的名画中蒙娜丽莎那甜蜜的微笑就是音乐作用的结果。相传蒙娜丽莎是一位商人的妻子，当达·芬奇给她画像的时候，正赶上她因儿子刚刚死去而整天郁郁不乐。为了使她微笑，她丈夫请来了许多幽默大师，但都未能使她摆脱忧愁与烦恼，后来请来一支乐队专门演奏她家乡的音乐。渐渐地她被优美的音乐打动，露出了微笑，达·芬奇因此完成了这幅世界名画。

音乐在人的成长中起着举足轻重的作用。有成就的政治家、军事家、科学家大都有着较高的音乐素养，例如爱因斯坦喜欢拉小提琴。一个人，懂得音乐才能更好地懂得人生；同理，一名教师，懂得音乐才能更好地懂得教育。

## （一）音乐的旋律可以促进学生学习

### 1. 音乐可以陶冶情操

音乐的旋律能使人体产生兴奋、抑制、松弛、镇静、催眠等不同的情感反应，人们认为 E 调安定、D 调热烈、C 调和顺、B 调哀怨、A 调抒情、G 调浮躁、F 调激荡……古希腊的哲学家和科学家亚里士多德就推崇 C 调，认为 C 调最宜于陶冶情操。利用音乐的旋律，还能治理社会问题——

纽约市市长朱利安尼在任内完成了一项令历任市长头痛的"不可能完成的任务"：他只用了一年时间就使纽约犯罪率最高的中央地铁站的发案率下降了 33%。而让人尤为敬佩的是，他仅仅用了一招就出奇制胜。朱利安尼调整了地铁站的背景音乐系统，24 小时不间断地播放莫扎特的音乐。

据《纽约日报》报道，正是这些不绝于耳的音乐摧毁了地铁站原有的暗昧、混乱的"犯罪空气"。那些小偷、吸毒贩毒者在这音乐声中不由自主地觉得氛围不对了，那些强悍好斗的黑帮更是觉得无趣，在这音乐中聚众械斗，无论怎么叫喊冲杀也痛快不起来。久而久之，地铁站的闲杂人等越来越少。就这样，朱利安尼没有派一兵一卒，仅靠莫扎特的音乐就解决了问题。

我们都知道，环境造就人，而我想说，音乐也能造就环境。一般来说，旋律优美、节奏平稳、速度徐缓的音乐可使人产生轻松、愉悦的感觉，起到镇静的作用；音调明朗、旋律流畅、节奏明快、气势激昂的音乐能使人产生激奋、乐观、向上的感觉，并使人血压升高、心跳加快、肌肉力量增加。

在人的成长中，特别是在孩子的成长中，不妨多听听古典音乐。古典音乐脱胎于宗教，如果抛开宗教神秘的一面，我们可以感受到其中包含了人类对自然、宇宙的崇尚，表现在音乐上就是人与自然的和谐。早期的古典音乐（巴赫、莫扎特、海顿等的音乐）与中国的古琴曲都适合用来培养儿童淳朴儒雅的性情。家教甚至胎教时，父母都会早早地为孩子播放这种音乐。在校园中，课间也应该多播放这种轻松、愉悦、优美的乐曲，或许能够减少学生之间的争执、吵闹甚至打架，现在有些学校的上下课铃声就用了这种抒情音乐。另外，如果在学生餐厅播放背景音乐，不仅有利于维持用餐秩序，而且有利于消化吸收食物。

## 2. 音乐可以联络感情

舒缓的音乐可以舒缓人的心情，激昂的音乐可以激昂人的热情。有一天黄昏，我走在市中心的大街上，四周都是匆匆而行的身影，街边的店铺灯火通明，但很少有人望它们一眼。这时候，我眼前出现了一家麦当劳餐厅，两名服务员领着几个小孩在店门口随着播放的音乐跳起了手操舞，欢快柔美的舞姿吸引了许多过往的孩子与家长，加入跳舞圈子里的孩子越来越多，围观的人也越来越多，走进麦当劳就餐的人自然越来越多。由此可见，环境能留住人，而音乐就能创造这种吸引人的环境。所以，在一些需要集聚人气的场合，都可以播放这样的音乐。

除了让学生听音乐，还应该让学生学音乐。音乐学习可以增加学生之间、师生之间的接触、交流和沟通。不少内向的孩子学习音乐后都变得开朗了，更加喜欢与人沟通了。

## 3. 音乐可以提高效率

有时候，安静或单调的学习很容易让学生昏昏欲睡，此时也不妨让学生听听音乐。美国哈佛大学研究发现，清醒和睡眠都开始于脑神经干，那里排列着一种特殊细胞——网状细胞或称"清醒细胞"，它经常向大脑皮层发出使之清醒的信号。但是，这种清醒细胞需要有一定压力才能长时间处于活跃状态，而黑暗、安静和单调的气氛只能起到减弱压力的作用。随着压力的不断减弱，人就开始犯困了。因此，为了使学生在整个学习过程中保持清醒状态，应该设法向大脑的"清醒细胞"发出"警觉的信号"，也就是向"清醒细胞"施加压力，其办法首推音乐，最好采用对大脑"清醒细胞"压力适中、旋律健康、音质优美、节奏协调的轻音乐。

音乐还可以运用于课堂上，在学生阅读、思考或作业时，许多教师也会播放轻音乐，一是因为轻缓的音乐占用人脑的资源较少；二是因为音乐具有屏蔽性，它可以减少、掩盖或挡住外来噪声对大脑的干扰；三是因为音乐可以增加神经传导速率、增强记忆力与注意力；四是因为过于吵闹的环境会使人感到烦躁和感觉迟钝，然而过于安静的环境会使人产生一种懈怠，也不利于学习。一般来说，比较理想的学习环境要求声强大致在30~40分贝，而轻音乐的分贝恰在此范围内。荷兰伊拉斯莫斯大学研究发现,高分贝音乐不仅会损害听力,其爱好者还比较容易尝试吸毒、酗酒或不安全性行为。

古典音乐非常适合学习时播放,它可以帮助学生集中注意力。古典音乐没有歌词,听的时候无法跟唱,也不会令人的心情激烈起伏。配乐学习,一般人大致会经历这样一系列心理反应:开始,明显地感受到音乐的力量,接着开始思考问题,旋律优美的音乐并不妨碍思考和写作;再隔一会儿,听不见音乐,也听不见其他声音,思考得津津有味,思路也很开阔。当思考停下来时,又会听到音乐。再思考时,又会重复上述过程。最后,结束苦思冥想时也不感觉累。其实,在你思考停顿之时,音乐在为你的大脑做"音乐按摩"。所以,人可以保持长时间的兴奋而不知疲倦。有一位学生原来学习一个小时就感到疲劳,后来边听音乐边学习,能够坚持专心致志地学习3~4个小时。

## 4. 音乐可以开发智能

据英国《每日邮报》2013年9月10日报道,听音乐还会对大脑功能产生积极影响。只要听对音乐,不仅能提高工作效率,而且可以提高学习成绩。英国认知行为治疗专家、临床心理学博士艾玛·格雷发现,音乐可以让人保持更好的学习状态。每分钟50~80拍的歌曲,例如美国流行歌手麦莉·赛勒斯的《我们无法停止》和贾斯汀·汀布莱克的《镜子》,有镇静心灵、开拓思维的作用。学习时听抒情类流行歌曲和摇滚歌曲,例如美国流行女歌手凯蒂·佩里的《烟火》还能让人产生兴奋感,有助于提高英语和戏剧等艺术科目的学习成绩。而古典音乐会让人更加聪明,研究显示,听每分钟60~70拍的古典音乐如贝多芬的《致爱丽丝》,有利于提高数学成绩,这是因为古典音乐的旋律、音调有助于长时间学习、记忆。

大多数人认为学音乐的孩子有品味,也有能力、有能量,因为孩子

## 十二、"音乐"对教育的启示

在练习乐器的时候，右手要动，左手也要动，眼睛要看乐谱，耳朵要听音高，脑子里还要记乐谱背乐谱，可以说是真正的一心多用，此时左脑和右脑同时工作，既调动思维又调动动作。尤其是古典乐曲，对右脑的训练与发展很有帮助。调查表明，早期接受 1~3 年音乐学习的孩子更有审美眼光，性格开朗，这种学习使他们养成动脑筋的习惯，而且有助于增强个性和开发想象力。而对于接受 3 年以上音乐学习的孩子而言，增强个性这一优点体现得最为突出。另外，音乐声波的能量本身就是对大脑的理疗。一位小提琴教授说他所接触过的琴童，学习文化课都毫不吃力，差不多都是班干部、三好学生。

学习音乐可以培养学生的毅力、注意力、想象力，可以提高学生的智力，特别是逻辑思维能力。有研究证明，学习者预先（不是中间）听了两首莫扎特 D 大调奏鸣曲后，数学成绩得到了很大的改善。

学习数学需要的是内心的平静，但也需要灵感的奔涌，有好事者特意推荐了一些既安静又不失趣味、无歌词的乐曲，例如 *Summer*、*My Soul*、*The Rain*、*Song from a Secret Garden* 等乐曲。古典音乐是理性的艺术，可以培养学生缜密的思维能力。音乐是跳动的灵感，乐章与乐章之间、声部与声部之间无不体现着缜密的逻辑。在完整的交响乐中，不同乐章的发展、递进、互动、乐器之间的相互辉映都表现出了音乐的理性。让学生听完整的交响乐，无形之中就能把这种理性传导给他们，有助于他们思维能力的提高。

另外，音乐音符的表现背后蕴藏着无限的意义，这便给学生的想象力及逻辑思维能力提供了无限的空间。音乐的模糊性是音乐具有无穷魅力最重要的原因之一，因为模糊，便有遐想空间，每个人都可以自由驰骋。在教学中，当教师需要学生想象的时候，也常常会播放一些意境优美的音乐渲染气氛。

可能有人会问，音乐对人的智能开发是怎样起作用的呢？科学研究发现，人的听觉器官中的每一根神经只接收一种频率的音响，音乐是一定频率的声波振动，它被人体接收后，与人体内各个振动系统产生共振，使各器官的节奏协调一致。在共振的状态下，音乐能激发人体的内在潜能，使身体的某些机能和功能活跃起来。

## （二）音乐的歌词可以帮助学生学习

### 1. 变知识为歌词

#### （1）套用原有的歌曲

虽然音乐是无形的，但其力量是巨大的。有韵律节奏或有音乐伴奏的学习内容更容易被记忆。我们不妨实验一下：不中止伴奏歌曲，试着背诵《生日快乐》，看看会是什么样的情形。我们都有这样的体会：记忆一首纯文字的诗，可能比较费劲，但记忆一首谱曲的诗，随着乐曲优美的旋律，很轻松地就记住了，以后一旦听到曲子，自然就会随着曲子的旋律而记起歌词。这就是"情境的熟悉性"理论，当人回忆时的情境和学习时的情境有较多相似之处时，回忆较容易。

我在学生时代熟背了那么多的古诗词，到现在大多已经忘记，唯独《虞美人》这首词还能常常记起，原因就是它被谱成了歌曲，并且是我学生时代的流行歌曲，一唱难忘，并且，现在只要一听到它，就能勾起我对学生时代往事的回忆。这个原理，除了"情境的熟悉性"在起作用，还与音乐和大脑的记忆关系相当密切有关，音乐的作用是从感情上去陶冶人，高尚的情操是引起人们积极情绪的基础，而积极的情绪有利于记忆。

2013年10月31日，哈佛大学在edX平台（麻省理工大学和哈佛大学于2012年4月联手创建的大规模开放在线课堂平台）上发布了"中国课"视频，由哈佛大学东亚语言文明系讲座教授包弼德（Peter K.

Bol）和哈佛大学历史系及商学院讲座教授柯伟林（William C. Kirby）主讲。课程视频中，两位教授唱起了用《两只老虎》曲子改编的"中国朝代歌"："商周秦汉，商周秦汉，隋唐宋，隋唐宋。元明清 Republic（注：中华民国），元明清 Republic，毛泽东，毛泽东。"此歌一出，萌翻众多观众。也有网友指出三国六朝缺席，于是两位教授又编出《一闪一闪亮晶晶》版朝代歌："五帝夏商两周秦，西汉东汉三国晋。凉燕赵，夏汉秦，北继胡，南承晋。隋唐两宋夏辽金，蒙元明清中华民。"

把冗长、繁杂、抽象的知识点谱写成朗朗上口的儿歌，有利于学生记忆。例如，有一位教师把平面图形的面积计算方法编成了一首歌谣——

正方长方最简单，要知面积长乘宽；平行四边底乘高，三角乘后再折半；梯形上底加下底，乘高除二便算完；知道直径就知周，圆形面积也好求，直径折半自相乘，再乘 3.1416。

（2）自编独有的歌曲

在教学中，唱歌和写歌并非一定需要专业人士，教师和学生同样可以一展歌喉、一显身手。2011 年 11 月，北京大学校长周其凤创作的《化学歌》爆红后，重庆巴蜀中学的学生写出了涉及各个学科的15首"主题歌"，后经全校学生投票选出的最佳歌曲是用《爱的供养》配乐的数学歌《数学的供养》——

把你捧在手上，对着你迷惘／写下N个次方，我为你痴狂，不求荡气回肠，只求算一场，算到最后受了伤，结果那么长。我用了N天N夜来将你供养，只期盼你停住函数的增长，请赐予我无限化简计算的力量，让我不用对圆锥曲线，久久地观想。把你放在空间，牵起了红线，默默构建平面，描绘你的脸，鼻唇垂直相间，焦点是眉眼／累了枕一堆概念，在梦里分辨。我用了N天N夜来将你供养，只期盼你停住函数的增长，请赐予我无限化简计算的力量，让我不用对圆锥曲线，久久地观想。我用了N天N夜来将你供养，只期盼你放开几何的阻挡，题海中飘荡着你那抽象的模样，一回头发现早已踏过了稿纸万丈。

　　巴蜀中学教务处副主任韩武红对此点评说，歌词对数学逻辑思维和计算两个主要特性进行了描述，对数学的美和魅力进行了展示，表达了学生对学好数学的渴望与追求。其中最重要的是体现了对数学的爱以及学好数学的信心，把学习数学的枯燥乏味变成了一种对数学的期盼和供养。巴蜀中学党委书记、副校长张勇认为，学生通过研究学科的特点、知识结构写出来的歌词是有创造性的，绝不是简单的公式。重庆市教育科学研究院中学教育研究所所长万礼修表示，让学生创作学科歌是用一种学生喜闻乐见的形式归纳学习方面的体会，整理、梳理各方面的知识，从而增强学生对学科的兴趣，激发学生的学习热情。

## 2. 变歌词为知识

### (1) 歌词中的文科知识

一旦文字配上了音乐，就变成了歌曲；一旦歌曲流行起来，其中的文字也就会被人记住。抛开音乐，我们会发现一些歌曲的歌词还是很有诗意和哲理的，这样的文字亦能为教学所用，例如一位中学语文教师就拿周杰伦的《青花瓷》歌词作为教学材料来讲解修辞手法——

素胚勾勒出青花 笔锋浓转淡／瓶身描绘的牡丹 一如你初妆（譬喻）／冉冉檀香透过窗 心事我了然（转化）／宣纸上 走笔至此搁一半／釉色渲染仕女图 韵味被私藏（转化）／而你嫣然的一笑 如含苞待放（譬喻）／你的美一缕（转品）飘散 去到我去不了的地方（转化）／天青色等烟雨 而我在等你／炊烟袅袅升起 隔江千万里（夸饰）／在瓶底书汉隶仿前朝的飘逸（转化）／就当我 为遇见你伏笔（转品）／天青色等烟雨 而我在等你（类迭）／月色被打捞起 晕开了结局（转化）／如传世的青花瓷自顾自美丽／你眼带笑意（上下两行形成倒装、譬喻的修辞关系）／色白花青的锦鲤 跃然于碗底（摹写）／临摹宋体落款时 却惦记着你／你隐藏在窑烧里 千年（夸饰）的秘密／极细腻 犹如绣花针落地（譬喻）／帘外芭蕉惹骤雨 门环惹铜绿（转化、摹写）／而我路过那江南小镇惹了你（上下两行三个句子运用了排比、类迭修辞）／在泼墨山水画里 你从墨色深处被隐去（转化）……

歌词写得如此美不胜收，难怪有一所中学的语文试卷中居然要求学生默写周杰伦《青花瓷》的歌词。出题教师如此解释，之所以注意到《青花瓷》这首歌，完全是因为歌词十分优雅，有宋词的味道。而他出这道题的意图也是善意的:"那些孩子喜欢听流行歌曲。我就想通过这首歌,让他们明白,流行歌曲之中也有古典文化,语文应该活学活用。"《青花瓷》于是成为 2007 年最受语文老师欢迎的歌曲。让人没想到的是,除了语文老师,还有历史老师竟然也从《青花瓷》的歌词取材,出题考查中国瓷器悠久的历史。

在文科教学中常常可以以歌为媒,例如歌曲《虞美人》与语文教学,歌曲《满江红》与历史教学,歌曲《亚洲雄风》与地理教学,歌曲《春天的歌》与政治教学……

**(2) 歌词中的理科知识**

语文与历史属于文科,歌词似乎专属文科,让我们没想到的是,歌词竟然还能与理科拉上关系。有一首洛天依(Vocaloid China)演唱的《天朝理科生战歌》就包含着高中数理化知识——

拿着重难点／都是为了／六月那天／三角正弦余切／小球受力加叠／药品沉淀溶解／细胞有丝分裂／对面成功彼岸／有谁能看得见／直线平行异面／物块碰撞形变／分子反应断键／豌豆黄粒圆脸／书山题海之中／我抬头望着天／叹那大学门啊／何时能相见／台上他讲话连篇／台下咱把题来解／一定要仔细斟酌 ABCD／壮兮美哉／天朝理科生／久经沙场／意志弥坚

更让我们没想到的是,歌词竟然还能与科学搭界。2011 年 4 月 7 日,在菠萝科学奖颁奖大会上,芝加哥大学细胞生物学博士刘旸和德国马普海洋微生物学所博士严实对唱的 Geek 版《因为爱情》中就涉及了高深的量子力学知识——

思念是波函数的诗篇／在海森堡矩阵中蔓延／哪怕几率中都是测不

# 十二、"音乐"对教育的启示

准的誓言／当DNA只剩下起点／眷恋仍随核苷酸遗传／想在配对里联会你和我的双链／因为爱情／不会轻易突变／所以我们的氢键清晰可见／因为爱情／缠绵的自旋／用狄拉克符号写下永远／因为爱情／在回文中许愿／要让反向转录经典再重演／因为爱情／执着的跃迁／只想被赋予光速的极限／到你身边

听着这样的歌曲，看着这样的歌词，我想到了英国《卫报》评论在美国哈佛大学揭晓的2013年度"搞笑诺贝尔奖"中的一句话："科学是严肃的，但是欣赏科学的方式却不一定严肃。"用歌唱的方式欣赏科学，虽然少了一些严肃，但能够让人快乐地记住知识。

在平时的教学中，我们没有必要总是兴师动众，让教师和学生去创编歌词。特别是在非音乐课中，歌词更多地起着为教学锦上添花和推波助澜的作用，是为教学内容服务的。

例如，我在教学"年月日"一课的时候，为学生播放了流行歌曲《365个祝福》——"一年有三百六十五个日出，我送你三百六十五个祝福，时钟每天转了一千四百四十圈，我的心每天都藏着一千四百四十多个思念……"歌词中不仅有学生以前学过的"时分秒"知识，还有着即将学习的"年月日"知识，于是，我借着这首歌的歌词轻松地导入新课。

又如，一位教师在教学"10以内的加减法"时，在课件中加入了《小鸭子》这首歌，唱完这首歌后，教师问学生："到底有多少只鸭？"学生们回忆歌曲内容，想找出答案，但又不是很确定，教师趁机引出新课。

再如，蔡依林的歌曲 Let's Move It 与物理教学，孙楠的歌曲《化学反应》与化学教学，毛阿敏的歌曲《绿叶对根的情意》与生物教学……

不过，有的歌曲的歌词也有错误，例如中国台湾阳光男孩偶像团体歌手 Energy 在《穿越一光年》中唱道："爱过过久时间，穿越过几万光年，我们之间不是说好了，一切不改变……"显然，歌词中的"光年"被误用作时间单位。其实"光年"是长度单位，一般被用于衡量天体间的距离。一光年是指光在真空中行走一年通过的距离，约 $9.46×10^{12}$ 千米。这样存在错误的歌词，我们可以拿来用作反面教材，让学生改错，同样是一种很好的教学资源。

　　音乐之"乐"，恰好音"悦"，它还多音为快乐之"乐"。这样的关联似乎在告诉我们，音乐与快乐有着一定渊源。如果能够在学生的学习中添加音乐元素，或许就能让学生的学习拥有快乐因子。

> **翰"师"明言**
> 　　用旋律唱响的课堂，学生必定"喜闻"，以更好地"表情"；用歌词唱出的知识，学生必定"乐见"，以更好地"达意"。

# 十三、"影视"对教育的启示

## ——用什么可以有效提高课堂"收视率"?

看影视剧竟然和收入与学历有关系。韩国首尔大学舆论信息学教授姜明九(音)及其研究团队发表的题为"中国电视观众电视剧消费品位指导"的论文中称:学历和收入都高的中国人喜欢"理性和有轻快感"的电视剧,比如人气美剧和部分日剧,他们喜欢这些电视剧的原因在于故事情节的出乎意料和紧张感;反之,学历和收入都低的中国人喜欢"非理性、感情过度表露"的电视剧,比如韩国与中国台湾地区的电视剧,是因为部分韩剧逻辑性较差,观看时无须动脑子,可以单纯地"发泄感情";学历低但收入高的中国人喜欢"现实而有逻辑"的电视剧,他们通过电视剧观察现实中无法解决的矛盾;高学历低收入的中国人则喜欢浪漫感情题材和青春偶像电视剧,他们会思考"如果那样的故事发生在我身上会怎样"。

在上述研究中,我们可以发现一个人对影视剧的喜好与其受教育情况有着一定的关系,受到思维方式和思维习惯、知识水平以及知识修养的影响。

影视剧作为大众传播媒介,具有消遣娱乐、宣传教育和信息传播等功能,对于正在成长的学生来说,影视剧是"通向外部世界的一扇窗口",是人生的"启蒙老师",也是生活中的一个"愉快的伙伴"。影视资源综合了戏剧、文学、绘画、音乐等多种艺术形式,对培养人的思想道德、提高人的艺术修养、促进人的想象力和创造力的发展起着重要作用。

在学校教育教学中，影视剧还可以影响一节课的教育面貌。如果我们的课堂教学在形式上能够较好地借鉴影视剧的精神，在内容上能够较好地借用影视剧的精髓，那么就能够提升课堂的档次，提高课堂教学的"收视率"。

## （一）教学气氛：像影视剧那样有盼头

### 1. 教学需要悬念设计

电视剧《潜伏》以"每十分钟一个危机，每五分钟一个意外"的悬念密度，以跌宕起伏的情节设计，引发了收视热潮。看罢此剧，我不禁为导演和编剧的智慧、运筹帷幄所折服。教师不也是课堂的导演和编剧吗？如果将悬念引入课堂，又会是怎样的一番景象呢？同样的内容，不同的教师去讲解，有不同的效果。可以平铺直叙，波澜不惊；也可以激情飞扬，荡气回肠。教师良好的"导演"水平即精彩的设计是实施精彩教学的关键。好奇心人皆有之，学生的好奇心尤强。课堂教学因悬念设计而峰回路转，跌宕起伏，就像一部充满悬疑的电视剧，可以牢牢抓住学生的心。

悬念式叙事结构的运用最能抓住观众的"眼球"。电视节目《百家讲坛》总是在片名中设置悬念，这个悬念就是这一讲座的总纲和所要解决的问题。例如《清十二帝疑案》《揭开狮身人面像神秘的面纱》《神秘的金字塔》，单是这些片名就足以吸引观众的目光，引起他们的好奇。观众随着讲座的进程，解开重重悬念，直至最终破解片头设置的总悬

十三、"影视"对教育的启示 ·179·

念。这种方法用在历史教学中也十分有效，例如在讲《美国的诞生》一课时，教师先提问："有人说'美国没有童年，只有青壮年'，你是否同意这一观点？为什么？"带着这个悬念，学生慢慢地探寻原因，直到最后找到答案。

## 2. 教学需要情感营造

教学的情节设计很重要，但教学的情感营造更重要。电影《建国大业》上映后票房不断传来捷报，新浪娱乐采访了中影集团发行公司总经理许兵，她说："最让我们感动的是，观看《建国大业》的观众年龄从十几岁到八十多岁都有，观众面特别广，这是我们从来没看到过的。"

有评论认为，作为一部国家层面的当代史正剧，《建国大业》的娱乐性是超越教育性的。事实上，《建国大业》筹备之初，因为题材的特殊和拍摄背景的特殊，就体现了浓重的政治意味，但看完电影，人们却不会感觉到被强行灌输了任何意识形态的概念。

我们的课堂教学也是一部"国家层面"的有着浓厚教育意味的正剧，知识的推理是严密的，教材的编排是严谨的，教师的神态是严肃的，教学的要求是严格的，……如果只是一味的"严"，就可能会压得学生喘不过气、回不过神来。《建国大业》的拍摄给我们的启示是，课堂应该多一些人情味，让学生不觉得被"强行灌输了任何概念"。

我们还可以想到电视娱乐节目。现在许多电视娱乐节目很有创意：《幸运52》，把枯燥无味的商品节目办得活泼有趣；《玫瑰之约》，把古老的媒婆工作变得充满浪漫色彩；《实话实说》，为人们提供了说出心里话、倾诉心中情、表达心中意的自由空间；各种各样的竞赛活动，为人们提供了大显身手、各显神通的舞台，凡此种种都是为了营造良好的情绪场，寓教于乐。

## 3. 教学需要收视效果

  电视娱乐节目中的许多做法可以借用到课堂教学上。电视娱乐节目与课堂知识教学之间有着颇多的相似之处：一是它们面对的都是活生生的、有思维意识的人，因此二者都讲究互动性；二是它们都讲究效益。电视节目的质量和形式直接决定着节目的收视率，课堂教学的形式和质量也决定着知识的"收视率"。

  例如，电视节目《三星智力快车》，给出一组对一个事物或人物的描述的选项，让学生说出这个事物或人物，选手在给出第一个选项时答出，加400分；在给出第二个选项时答出，加300分；依此类推，当四个选项全部给出时还没有答出的，不得分。一位教师在讲《季氏将伐颛臾》时就采用了这种形式。一上课，教师说："请同学们根据我的描述说出这是什么人物。A. 他有渊博的知识，学富五车，称得上天下第一博学，射箭技术又很高超，可称得上百步穿杨。B. 他反对苛政和武力讨伐，主张实行礼治。C. 他是我国第一个办私学的人，他有弟子三千，其中七十二贤人，著名的有颜回、子路、子贡、冉有、曾参等。D. 他是我国春秋末期的思想家、教育家，儒家学派的创始人。"大多数学生可能在第三个选项就能知道是孔子，但这种形式可让学生更全面地了解孔子，也极大地激发了学生的兴趣，激活了学生的思维。"良好的开端，是成功的一半"，有这样像电视节目一样的开头，自然能吸引学生。

  谈到娱乐节目，不能不提及主持人的作用：聪明睿智但又不喧宾夺主，恰到好处地把各个环节有机地组合起来，起到穿针引线的作用。教师是课堂教学的组织者和实施者，是教学情境的创设者，是学生心语的倾听者和积极的反映者。教师要做好课堂教学的"主持人"，首先要增强个人魅力、丰富自身学识，用优秀的个人素质打动学生。我们会因为一个主持人的个人风格而喜欢上一个节目，学生也会因为一位教师的个人风度而喜欢上一门学科。其次,教师要善于把话筒交给学生,多给学生表达、表现、表演的机会,因为"主持"不是"主演",教师不能忘了学习的"主角"是学生。

娱乐节目很注重新颖,课堂教学同样如此。每一节课如何设计,各个环节如何衔接,如何使每一节课都让学生感到有盼头——期待着下一节课,等等,无不反映了教师的"编剧"智慧。先进的课堂理念、别出心裁的情境设计,是课堂不断赢得学生青睐的先决条件。

除了教学的"生动"能够让学生念念不忘,教学的生"动"同样能够让学生津津乐道。娱乐节目很注重观众的参与以及互动,对于课堂教学而言,学生即观众。在平时的教学中,许多教师讲得津津有味,学生却听得昏昏欲睡。为何?这在很大程度上是因为教师唱的是"独角戏",忽视了学生的参与和互动。

## (二)教学材料:像影视剧那样有看头

### 1. 用影视剧帮助理解材料

有的影视作品是根据历史事件创作的,这样的影视剧有助于历史教学;有的影视作品是根据文学著作创作的,特别是中学语文教材中选入了较多的中外名著节选,比如小说节选《鲁提辖拳打镇关西》《空城计》《美猴王》《林教头风雪山神庙》《林黛玉进贾府》等,戏剧节选如《茶馆》《开国大典》《罗密欧与朱丽叶》《雷雨》等,这样的影视剧有助于学校的语文教学。虽然影视作品与语文教材具有不同的特点,但二者可以形成互补。影视作品具有动态、形象、逼真的特点,可以将教材上静止的语言文字生动形象地展示出来。

有一位语文教师在教学《林黛玉进贾府》时，让学生观看了1987年版《红楼梦》的相关片段。当听到"未见其人，先闻其声"的王熙凤那放荡而毫无顾忌的笑声时，学生禁不住笑出了声。经过这样的学习，学生对《红楼梦》的兴趣更强了，班级掀起了一股读《红楼梦》、说《红楼梦》的热潮。

诗歌是文学色彩极浓的一种体裁。教师想把诗词教好，首先要激起学生对诗歌的爱好，而在生活节奏越来越快的今天，学生会喜爱慢节奏的诗歌吗？有一位语文教师借助中央电视台制作的《唐之韵》节目，在教学过程中穿插着让学生观看了相关的内容。该节目的内容生动丰富，除了介绍诗人的作品，还介绍其身世、命运，并且夹杂了一些有趣的小故事。节目的最大特点还在于它制作很精美，充分发挥了电视节目的优势。

文言文也是语文教学的难点之一。因央视《百家讲坛》而一炮走红的北京师范大学于丹教授的《论语心得》可以给文言文教学一些启示。于丹一方面用青少年熟悉或喜欢的话语方式讲解，同时适时地插入影视片段，使《论语》从深斋走向大众。我们也可以把影视资源用于文言文教学。例如，学习《鸿门宴》《烛之武退秦师》等课文时，教师可以从电影《西楚霸王》《东周列国》等电视剧中剪辑所需片段，让学生了解该课文的时代背景。

蒙太奇是电影导演的重要手法之一，亦即导演为了表现影片的主题思想，把许多单个镜头组织起来，使之成为一部前后连贯、首尾完整的影片的表现方法。在古诗词教学中，我们也可以借用电影蒙太奇的导演手法，例如《江雪》第一句"千山鸟飞绝"，表面上看它似乎强调的是一个空间性的概念，如果把它划分为"千山万径而人鸟绝迹""冰天雪地而万籁无声""寒气森森而渔翁垂钓"这样几个蒙太奇"镜头"，就不难发现，柳宗元在这里实质上是营造了一种孤寂的艺术境界，流露出一种孤芳自赏的情绪。这就为学生更准确地把握作品的内涵提供了真实可感的依据。

不过，把影视资源转化为教学材料必须注意适时、适度。教师要加强对教学的导向与调控，掌握暂停键，及时引导学生从影视作品转移到文本。例如，一位教师教《鲁提辖拳打镇关西》，播放了三拳打死郑屠的影视片段，之后引导学生交流有何感受。学生都认为影片非常精彩和形象，加深了他们对人物形象的理解。但有一位学生小声说，他觉得还是读小说好，但就是说不出好在哪里。老师没有重视这位学生的问题。实际上，教师应因势利导，通过影视与文本的对比，细细品味这三拳的文字描写为什么精彩有味。影视片段里只有一个鲁提辖，而阅读小说，全班几十个人眼里就可能有几十个鲁提辖。文本与影视的对比研究可以引导学生通过自身的揣摩来加深对文章的理解，同时还可以对影视剧的拍摄提出改进意见，培养学生的创造力。

## 2. 把影视剧用作写作材料

在教学中，我们除了利用影视作品促进学生对文本的理解之外，还可以用影视作品丰富学生的写作知识和写作素材，把影视作品中人物的塑造、情节、叙事技巧以及结构的章法借鉴到学生的写作教学中。例如，一位教师播放FLASH音乐剧《人不能没有鸡的世界》，让学生讨论：这个音乐剧在写作上带给我们什么启示？学生讨论后达成共识：如果我们的作文能换个角度去观察生活、思考问题、表达情感，一定会打动人心。又如，某教师选播电视剧《三国演义》中诸葛亮舌战群儒和《游园惊梦》中"杜丽娘游春"的片段等，让学生观赏、讨论和品评这些人物言行、心理和景物描写的"活教材"。

议论文的写作是语文教学的一大难题。现在电视台的《焦点访谈》《新闻调查》《拍案说法》《社会关注》《说事拉理》等节目，或就重大事件进行议论，或就热点问题进行评述，如果把这些好的节目引入学生的学习，不仅有助于学生分析、议论水平的提高，而且为学生提供机会接触社会生活的方方面面，可开阔学生的学习视野。

## （三）教学活动：像影视剧那样有劲头

### 1. 课本可以排成课本剧

戏剧是一门表演艺术，单纯地看剧本不容易感知。观看由戏剧改编的影视剧，学生更能体会到剧作的主题与人物形象，例如《雷雨》《窦娥冤》《罗密欧与朱丽叶》等都有相应的影视剧可供学生观看、鉴赏。人物对白是影视剧中重要的内容，有些对白尤其经典。教师要有意识地选取精彩片段，让学生仿演，这既能让学生记诵一些精美语言，又能让学生通过人物对白理解作品。

除了指导学生观看影视剧，我们还可以指导学生编演课本剧。早在19世纪末，在时代大潮的激荡中，学生演剧就为中国文明新戏的出现拉开了序幕。上海、天津的学生在1899年就演出了自己编排的以"官场丑史"为内容的新戏，以后又有反映戊戌六君子和义和团内容的"时事新戏"。提倡课本剧和学生演剧在今天同样有重大的意义。深受好评的学生戏剧《蒋公的面子》导演吕效平在接受《羊城晚报》采访时说："一所好的大学一定要有戏剧和摇滚。"有一位教师组织了一个课本剧兴趣小组并开展了一系列活动——

我让学生自由组成若干小组，让每一个小组的学生在课文中找出要改编的篇目，根据剧本编写的要求，讨论编写剧本。学生改编的积极性很高，常会为一个细节的处理而争得面红耳赤。我欣喜地看到了学生在写作方面的成绩，而且他们能够大胆创新，传统剧、方言剧、现代剧、音乐剧，花样翻新，出人意料。①

毋庸讳言，编演课本剧对学生学好语文乃至全面发展大有裨益。它是"大语文"教育观的具体活动形式之一，不仅能化被动的写作为主动的投入，锻炼学生的口头表达能力和分析鉴赏能力，而且能使学生的注意力、想象力、创造力都得到加强和提高。另外，编演课本剧大大丰富了校园文化生活，当年，曹禺就是南开新剧社最积极的成员。甚至有所学校为此琢磨出了一种新的教学法——"课本剧教学法"。

台上，一阵击鼓声刚停，一队衙役手持官杖，排成八字形，齐呼："升堂——"旋见一威风凛凛的州官老爷，迈着八字步，不紧不慢地坐上公堂，惊堂木一拍，威严地说："大胆刁民，因何在此击鼓？"一衙役半跪地上："启禀老爷……"台下，不时爆发出阵阵笑声。②

这是湖南省临湘县坦渡中学初三学生正在上演自己根据课文《葫芦僧判断葫芦案》改编的古典戏剧《升堂》。这所农村中学为了变苦教苦学为乐教乐学，让学生围绕教材进行"编编导导演演"活动，将一些可以搬上舞台的课文改编成课本剧。这些活动，既活跃了学校生活，发展了学生的创造能力，又能帮助学生理解和掌握教材的内涵，与课堂教学异曲同工，他们称之为"课本剧教学法"。

其实，课本剧的改编不必限于文学作品，即使对于数学、物理、化学、生物等理科内容，也可以用拟人化的方式将其改编成课本剧。

---

① 武士桃. 在表演中提高学生学习戏剧的兴趣[J]. 学园，2011（2）：上旬. 有改动.
② 曾明亮，周文件. 妙趣横生的"课本剧教学法"[J]. 湖南教育，1989（7）.

## 2. 微课可以拍成微电影

现在出现了一种新兴事物——"微电影",原指具有完整故事情节的"微时"放映、"微周期制作"和"微规模投资"的视频短片,其内容融合了幽默搞怪、时尚潮流、公益教育、商业定制等主题,可以单独成篇,也可系列成剧。江苏省无锡市五爱小学的曹琛老师受此启发,把"微电影"引入数学教学之中。

数学"微电影",是指借助语言描述、文字图片、声音及学具等,在脑海中展开有目的的动态想象,产生有人物和简单情节,类似电影的影像活动。其目的是为了更清晰地暴露数学思维过程,呈现动态思维,用生动形象的方式解释数学现象或解决较抽象的数学问题。它与"情境创设"有一些相同之处,但也有区别。情境创设一般由教师来设计,可以贯穿整节课,主要功能是营造轻松有趣的课堂气氛,使数学知识的呈现更生活化、形象化。而数学"微电影"则更注重有目的的想象,可以由教师,也可以由学生来设计,主要是为抽象的思维过程找到生活化、具体化的"例子",并透过形象化、情节化的表面悟到数学思考的方法。从以下这位三年级小朋友在老师的指导下写的关于数学"微电影"的作文中,我们可以感知数学"微电影"。这部"电影"记录了解决"已知:☆+△=4,△+□=9,☆+□=11。求:△=( ),□=( ),☆=( )"这道思考题的思维过程——

我是个想象力丰富的孩子,在解决数学问题的时候,常常把数学题在脑海里像"电影"一样地"放映"出来,可好玩了!"电影"放多了,我还发现"放电影"有许多好处,有些难题一下子就被解开了!

比如:看到"☆+△=4,△+□=9,☆+□=11。求△=( ),□=( ),☆=( )"这道题时,我的"电影院"里就开始播放电影《玩

## 十三、"影视"对教育的启示

具总动员》了，☆、△和□都变成了玩具店里的图形玩具，他们都想知道自己分别代表几，可是，商量了半天也没有答案。忽然，一只大袋子从天而降，把它们全都装了进去！袋子里顿时热闹非凡，一会儿，声音渐渐地变轻了……嘘！听，图形玩具们好像重新在排队！偷偷瞧一眼吧："☆＋△＋△＋□＋☆＋□=4+9+11"。哈哈，原来玩具们都聚集到了等号的一边啦！哎呀，排得乱糟糟的，排整齐些吧！玩具们真听话，看：☆＋☆＋□＋□＋△＋△=24，好多了吧！这时，玩具店的店长出场了："玩具店的图形玩具一盒是3个：☆＋□＋△，这里可以配成几盒呀！"玩具们马上自动分成了两盒：每盒都是☆＋□＋△=12。一道金光闪过……啊，☆＋□＋△=12变成了一把金钥匙！当金钥匙与☆＋△=4相遇，□跳出来，笑着说："12-4=8，原来我是8啊！"接着，☆和△也都明白自己究竟是几了。[①]

在小学高年段，有许多动态问题，学生在思考时往往束手无策，但借助数学"微电影"，只要教师稍加提示点拨，问题就迎刃而解了，对促进学生形成动态思维的能力极有帮助。例如有这样一道题："在一条笔直的公路上，小明和小刚骑车同时从相距500米的A、B两地出发，小明每分钟行200米，小刚每分钟行300米，多长时间后，两人相距5000米？"教师引导同桌两人扮演"小明"与"小刚"——

师：你们骑车同时从相距500米的A、B两地出发，是怎么走的？
生1：相向而行！
生2：也可以相背而行，题中只提到出发！
师：有道理。那么先来想象第一种情况。你们分别以200米、300米的速度相对而行，在路上发生什么了？

---

[①] 曹琛. 孩子脑中的数学"微电影"[J]. 无锡教育，2013（9）.

生（笑）：1分钟后撞车了！

师：换个词，相遇了。后来你们怎么样？继续走？

生：是啊，还要继续走，没到5000米呢！

师：那走吧，什么时候停下来？

生：5000÷（200+300）=10（分钟）。

师：终于完成两人相距5000米的任务了，你们一共用了几分钟？

生：1+10=11（分钟）。

师：好，第一集结束了，下面是第二集，相背而行，小明小刚再次出场！

在教师的适当点拨下，学生们发现还有两种同向而行的情况，于是"微电影"又有了第三集"小明跑小刚追"与第四集"小刚跑小明追"。[①]

数学"微电影"选择什么样的"剧本"很重要。首先，所选的"剧本"必须与将要进行的数学思维活动紧密结合，具有反映数学规律、本质的典型性，还应去除不必要的渲染情节，不"喧宾夺主"。其次，所选的"剧本"一定要贴近儿童生活实际，能唤醒儿童的感官与经历体验，还需童真有趣，自然不牵强。

例如，在教学"被除数中间或末尾有0的除法竖式"一课时，面对抽象枯燥的算理，复杂多变的计算步骤，如果就题论题地讲授、练习，学生会学得很累，而且对中间或末尾的0究竟是"移下"还是"不移下"这个难点常常把握不了。对此，教师不妨导演一场卡通"微电影"：将一些有关计算题中的0添上一笔，化成气球的样子。然后气球说话了："小朋友，我是一只氢气球。做除法时遇到0，想想我，就容易多了！如果下面没有重的东西拉住我，我就会上升，0也一样，前面没余数了，就直接升到商的位置上。比如：306÷3，百位商1，没有余数，十位上

---

[①] 曹琛. 孩子脑中的数学"微电影"[J]. 无锡教育，2013（9）.

## 十三、"影视"对教育的启示

的 0 就上升了，只要再除个位的 6。不过，要是前面有余数，就太重了，0 就被拉住，不能往上升了。比如：703÷5，百位商 1，余 2，0 就应该下来了。十位商完 4，别忘了个位，不够商 1 就商 0 哦！"

土豆网有句经典的话"每个人都是生活的导演"，同样，不论教师还是学生，只要有生活的经历、有想象力，就可以成为数学"微电影"的导演。有这样一种现象，如果问一个幼儿园的孩子"5－2=？"，他可能会回答不知道。但如果你问"你有 5 个苹果，吃了 2 个，还有几个苹果？"，那他想一想一定会很愉快地告诉你："还有 3 个。"这个孩子在说出答案前，正在自己的脑海中"吃苹果"，这就是一部数学"微电影"。

由"微电影"，我又想到了"泡面动画"。泡面动画也称"泡面番"，就是一集时间为 5~6 分钟的短动画，这个时间相当于泡一杯方便面的时间，等你把泡面泡好了，动画也结束了。近年来泡面动画愈加流行，以四格漫画改编居多，剧情以搞笑、温情、欢乐为主。即使是 3 分钟长度的"泡面番"也不乏精品，如比较著名的《黑塔利亚》。于是，我想，我们的学校教育能否多一些不需要花费学生太多时间的"泡面动画"或"微电影"，在课间播放，让学生能轻松一看，继而能轻松一得。

> **翰"师"明言**
> 根据观看影视剧的喜好类型，可以判断一个人的教育面貌；善于利用影视剧的美好元素，可以改变一节课的教学面貌。

# 十四、"诗歌"对教育的启示

## ——教学的线索如何自然地联结成章？

元代范德玑在《诗格》中所说的作诗有四法："起要平直，承要春容，转要变化，合要渊水。"清代学者刘熙载在《艺概·文概》中说："起、承、转、合四字，起者，起下也，连合亦起在内；合者，合上也，连起亦在内；中间用承用转，皆顾兼趣合也。"诗歌正是因为有了"起承转合"而形成气脉贯穿的优美意境，体现出韵律美和节奏美。举王之涣的《登鹳雀楼》一诗为例：

【起】白日依山尽，【承】黄河入海流，
【转】欲穷千里目，【合】更上一层楼。

古人将一首诗作为一篇文章来写，结构完整，张弛有法，思路缜密，内容丰富，重点突出。这是古人创立的非常科学完美的创作思路和诗体结构。推而论之，教学如写诗，教学程序、教学阶段、教学步骤的设计也可以像作诗一样去建构规划，使它变得科学严谨。很多人把起承转合的方法运用到音乐课的课堂教学中，也是因为音乐的韵律美和诗歌的韵律美是一脉相承的。

## （一）教学过渡艺术：起承转合

诗歌中的"起承转合"还可以广泛地应用于语文、数学等学科教学之中。下面以我曾经上过的一节"年月日"的数学课为例谈一谈在教学中如何体现"起承转合"的设计艺术。

### 1. 教学之"起"：歌曲蕴含，唤醒生活经验

【片段1】

师：我们先来听一首歌《365个祝福》。

教师播放《365个祝福》歌曲VCD片段，学生情不自禁地随着曲调哼唱起来。

"起要平直"，运用于一节课中，也就是导入要"平直"，选择学生平常熟悉的生活直接引入教学，在最短的时间内激起学生的学习情感，引起学生的学习意向。

"年、月、日"知识对学生而言已有相当的生活经验，只是这种生活体验是零碎的，所以这一内容的教学只需激活、提取与整理学生的生活经验，并基于这一素材引导学生进行观察、比较，从中发掘一些数学知识并发现一些数学规律。教师先巧妙地播放《365个祝福》这首流行歌曲，一方面活跃课堂教学气氛，另一方面唤醒学生已有的生活经验，歌曲中还蕴含了将要探究的一些知识，例如歌词"一年有365个日出"就很好地勾起了学生的生活联想和思维联动，让学生在悦耳的歌声中既领略了歌曲的韵律，又领教了知识的韵味。

## 2. 教学之"承"：情境引导，走近知识入口

【片段2】

师（板书"今天"两字）：看到"今天"两字，你想说什么？

生：今天是什么日子？

师：对呀，今天是哪一年的几月几日，星期几？

生：今天是2010年3月16日，星期二。

师：如果老师问你，今年的最后一天是几月几日，星期几？你有没有办法知道？

生：今年最后一天是12月31日，星期五。我是从老师发的2010年的年历中查到的。

师：那么，明年的今天是星期几呢？我们身边还没有2011年的年历可以查询，你们想自己制作一张2011年的年历吗？

生：好啊。

"承要舂容"，运用于一节课中，也就是要能激发学生浓厚的学习兴趣和强烈的学习欲望，其中，让学生产生问题与悬念是引导学生从生活走向书本的一条学习通道。

本课教学由"今天"这一离学生时间观念最近的话题谈起，作为知识的引子由"近"拉"远"，从"今天"到"年末"进而承接到"明年的今天"，询问学生这些日子分别是"星期几"，学生由身临其境的脱口回答到借助年历查找回答，发展到没有年历查找回答，时间的逐渐远离与条件的逐渐苛刻促使学生对教师提出的"制作一张2011年年历"的倡议表示由衷欢迎和热烈响应，于是，接下来的学习就成为学生为解决问题的自觉需要。

十四、"诗歌"对教育的启示

## 3. 教学之"转"：任务驱动，探寻材料储备

【片段3】

①统计

师：那么，制作新一年的年历，根据经验，我们需要知道些什么？

学生依次回答出：需要知道一年有几个月，每个月有多少天，2011年第一天是星期几。

师：这三个问题，谁能回答？

生1：我知道，每年都有12个月。

生2：从今年的年历上可以找到2010年的最后一天是星期五，那么2011年的第一天1月1日就是星期六。

生3：从2010年的年历上看，每月的天数在30天左右，具体是这样的——

|  | 1月 | 2月 | 3月 | 4月 | 5月 | 6月 | 7月 | 8月 | 9月 | 10月 | 11月 | 12月 |
| --- | --- | --- | --- | --- | --- | --- | --- | --- | --- | --- | --- | --- |
| 2010年 | 31 | 28 | 31 | 30 | 31 | 30 | 31 | 31 | 30 | 31 | 30 | 31 |

师：是不是每年都是这样的呢？请各小组拿出装在信封中的2006—2009年的年历看一看、比一比。

学生汇报交流：

|  | 1月 | 2月 | 3月 | 4月 | 5月 | 6月 | 7月 | 8月 | 9月 | 10月 | 11月 | 12月 |
| --- | --- | --- | --- | --- | --- | --- | --- | --- | --- | --- | --- | --- |
| 2006年 | 31 | 28 | 31 | 30 | 31 | 30 | 31 | 31 | 30 | 31 | 30 | 31 |
| 2007年 | 31 | 28 | 31 | 30 | 31 | 30 | 31 | 31 | 30 | 31 | 30 | 31 |
| 2008年 | 31 | 29 | 31 | 30 | 31 | 30 | 31 | 31 | 30 | 31 | 30 | 31 |

续表

|  | 1月 | 2月 | 3月 | 4月 | 5月 | 6月 | 7月 | 8月 | 9月 | 10月 | 11月 | 12月 |
|---|---|---|---|---|---|---|---|---|---|---|---|---|
| 2009年 | 31 | 28 | 31 | 30 | 31 | 30 | 31 | 31 | 30 | 31 | 30 | 31 |
| 2010年 | 31 | 28 | 31 | 30 | 31 | 30 | 31 | 31 | 30 | 31 | 30 | 31 |

②分类

师：观察这张统计表，你发现了什么？

生：一年中，1月、3月、5月、7月、8月、10月、12月的天数都是31天，4月、6月、9月、11月的天数都是30天。二月比较特殊，有的年份是28天，有的年份是29天。

师：如果把这些月份进行分类，你准备怎样来分类？（根据学生回答揭示"大月"和"小月"。）

"转要变化"，运用于一节课中，也就是要为学生提供有结构、有变化的研究材料，让学生能够知其"变"，并能找到其"不变"，在"变"与"不变"的深入研究中才能最大程度地激发学生对学习材料的观察、比较以及归纳、归类等一系列思维活动。

本课中，学生要完成"制作2011年的年历"这一挑战性的活动任务，就要自动搜索完成这一任务的诸多要素，而这些要素恰恰就是教学的知识内容。其中，对学生已经知道的，例如"一年有几个月"和"2011年第一天是星期几"，教师只需整理；对学生认识不够的，例如"每个月有多少天"，教师才需要"变"出足够的研究材料帮助学生由点及面地"化"开知识的变化规律和变化规则，从而让学生认识更全面、更深入。

## 4. 教学之"合"：实践操作，加深方法记忆

【片段 4】

①制作

师：现在我们解决了"一年有几个月""每个月有多少天"和"2011年第一天是星期几"这些问题，下面就可以自己制作一张 2011 年的年历表了。首先请同学们完成 1 月的日历表。

学生完成 2011 年 1 月的日历（如图 14-1）。

师：为什么填了 31 天？

生：因为 1 月是大月。

师：从中你能推想出 2011 年的 2 月 1 日是星期几？

生：星期二。

师：现在告诉你 2011 年的二月份有 28 天，请你接下去制作 2011 年 1—6 月的日历表。

| 日 | 一 | 二 | 三 | 四 | 五 | 六 |
|---|---|---|---|---|---|---|
|  |  |  |  |  |  | 1 |
| 2 | 3 | 4 | 5 | 6 | 7 | 8 |
| 9 | 10 | 11 | 12 | 13 | 14 | 15 |
| 16 | 17 | 18 | 19 | 20 | 21 | 22 |
| 23 | 24 | 25 | 26 | 27 | 28 | 29 |
| 30 | 31 |  |  |  |  |  |

图 14-1

②记忆

师：要清楚一个月有多少天，我们只要知道这个月是大月还是小月。那么，一年中大月和小月的分布有没有什么规律？为了能更清楚地研究，请同学们给大月的月份涂上红色、小月的月份涂上绿色。观察一下，你有什么新的发现？

生 1：我发现一年中大月的个数比小月多。

生 2：我发现，7 月和 8 月两个大月是连在一起的，不像其他大月一个隔一个……

师（接言）：按照你的发现，如果要把 12 个月分成两部分，你认为

怎样划分比较合适？为什么？

生2：我认为分在7月和8月之间，7月之前的大月是单数月份，8月之后的大月是双数月份。（教师顺势出示顺口溜：要找大月请记住，七八两月换着数；七月以前找单数，八月以后找双数。）

生3：还可以用拳头来记忆。

师：哦？

生3：我在一年级的语文书中学过。（教师让学生介绍拳头记忆法。）

师：这些方法都可以帮助我们记忆大月和小月。

师：现在我们有了2011年的年历，你能从中找到明年的今天是星期几了吗？

生：是星期三。

③计算

师：同学们，你们是否知道一年有多少天呢？

生：365天。

师：你是怎么知道的？

生1：我是从刚才那首歌《365个祝福》的歌词中知道的。

生2：我是从《365夜故事》中知道的。

师：一年是不是365天呢？我们可以算一算。请你把2010年的天数算一算，想一想，怎样算比较方便？（交流：方法一，把每月的天数依次相加；方法二，$31×7+30×4+28$；方法三，$30×12+7-2$。）

师：从刚才的统计表中我们可以看出，大多数年份有365天，而有些年份却是——

生：366天。

"合要渊水"，运用于一节课中，也就是要为学生巩固知识、运用知识和记忆知识创造"水到渠成"的机会和条件。

本课中，学生制作2011年年历的过程就是不断运用知识的过程。

这一制作任务，学生因活动而体验学习的快乐，又因实用而体会学习的价值。同时，教师又把制作活动分成两个时段，"1—6月日历的制作"重在知识的即时巩固，而把"7—12月日历的制作"放在指导学生快速记忆大月和小月之后，旨在让学生体会方法记忆的好处。

【片段5】

①请你说一说

一年中有一些特殊的日子和一些有意义的日子，例如：A.你的生日；B.新中国的生日；C.中国共产党的生日。请你很快地说出它们所在的月份是大月还是小月。

②请你想一想

A.对大月中的"大"字，你能想到什么？

B.我们常说"上半年"和"下半年"。对这个"半"字，你是怎么理解的？

③请你读一读

《今日诗》：今日复今日，今日何其少！今日又不为，此事何时了……

"合要渊水"，运用于一节课中，还体现在学习并不仅仅是"增知识"，还在于能够"长见识"，从其他领域中汲取营养。例如本课中的"生日"练习，由学生自己的生日到新中国和中国共产党的生日，学生的情感也随之升华；又如课尾让学生读一读《今日诗》，一是与本课开头的"今天"相呼应，二是让学生对"今天"除了得到知识上的认识之外还能得到思想上的启迪。另外，"咬文嚼字"的思辨性练习同样能够让学生品出文字背后的知识滋味。

## （二）教学连接模式：一线穿珠

"起承转合"在教学中的运用，其实也就是课堂教学中的开课艺术、衔接艺术、过渡艺术以及结课艺术，贯穿于课堂教学活动的始终，是教学节奏的特征之一。在这里，既有课与课之间的衔接过渡，又有段与段、概念与概念、原理与原理之间的衔接过渡，还有从一个教学环节到另一个教学环节的衔接过渡。要让教学很好地"起承转合"、自然衔接、融为一体，还有一种很好的做法是设计教学的"一线"穿起知识的"珠子"，也就是做好课堂教学中知识的连接。当然，要能够学会这样的本领，我们的眼光不能局限在一节课中，而应该能够看到知识的"今生"与"前世"，进行教学的整体化设计。

编写教材时，编者会把内容比较丰富、结构比较复杂的板块知识或单元知识分解成一个个知识点，让学生逐步建构知识。然而，由于教材编写的限制，这些知识点多被"抽筋剥皮"，作为孤立的例题或习题"散放"在学生面前。在教学时，如果教师只是简单地照本宣科，一是可能会让学生感到知识的枯燥，二是可能会让学生感到环节的繁多，三是可能会让学生感到学习的机械。

解决此困境的一种策略是在题目之间、课时之间设计一条教学的"主线"，穿起知识的"珠子"，让教学不再割裂，让知识不再零碎。这条教学的线，可以是一条"想思线"，让学生踏着情感的脉搏，感受到知识的"深情"；也可以是一条"思想线"，让学生沿着知识的脉络，感受到知识的"厚意"。知识的连接主要有以下两种模式：

## 1. 串联式

一节课，是时间单位的整体，也是知识单位的整体。整体是指由事物的各内在要素相互联系构成的有机统一体及其发展的全过程。有效课堂应该能够体现教学线索的整体性以及知识线索的整体性（有时教学线索与知识线索重合，有时教学线索与知识线索平行）。而要达到这种课堂教学境界，我们需要讲究知识的"起承转合"，也就是要思考"怎样进行知识的导入、过渡、变换、呼应"。下面介绍几种知识的串联方式：

### （1）用故事的线索串联知识

在教学中，教师常常会将一节课所包含的知识点设计成一个个小环节。知识点越多，小环节也就越多，环节之间的转换与过渡也就相应变得频繁与急促。如果我们能够把这些"各自为阵"的教学环节融合在一个大的故事情境中，设计一条情节发展的主线把它们串联起来，那么学生就不必逐个解决原本一个个零散或细碎的小问题，而可以在一件事情中解决一串问题。学生置身于一个环境，置换一个环节，其实就在不知不觉中完成了许多学习项目。

例如"认识厘米"一课，苏教版教材在"认识尺"后，编写了3个例题，分别为估一估（如图14-2）、量一量（如图14-3）、画一画（如图14-4）。

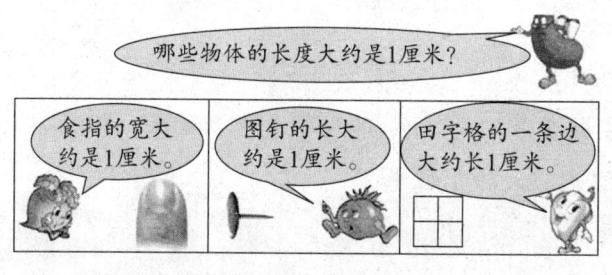

图14-2

🐝 量一量。

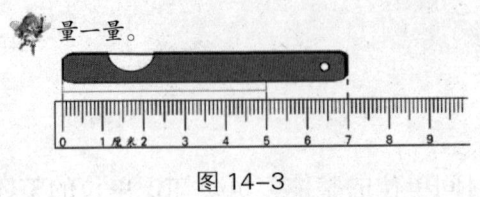

图 14-3

🐝 画一条4厘米长的线段。

图 14-4

一位教师在设计时,把上述三个教学环节用小学生喜闻乐见的"小蟋蟀跳远比赛"童话故事串联成一个整体环节,寓趣于知——

师:蟋蟀家族正在举行一年一度的跳远比赛,我们一起去看看。

1. 估一估。

| 1号蟋蟀 | ⊢————⊣ | (比1厘米多) |
| 2号蟋蟀 | ⊢————————⊣ | (5厘米) |
| 3号蟋蟀 | ⊢——⊣ | (1厘米) |
| 4号蟋蟀 | ⊢————⊣ | (2厘米) |
| 5号蟋蟀 | ⊢—⊣ | (比1厘米少) |

(1)1厘米。

师:有一只蟋蟀跳远的成绩正好是1厘米,是几号呢?凭你的眼力来找一找。

(2)大约1厘米。

师:1号和5号蟋蟀跳的都不是正好1厘米,但很接近1厘米,我们可以说它们是"大约1厘米"。

(3)2厘米。

师:猜一猜4号蟋蟀跳了几厘米?你是怎么想的?(媒体演示:与3

号蟋蟀所示线段之间添加虚线比较。）

师：用心中的1厘米比一比或借助其他线段有依据地猜，就是数学上的"估一估"。

2. 量一量。

师：跳远冠军跳了几厘米呢？量一量。（学生操作并汇报。）

师：冠军比亚军多跳了几厘米？（学生先估测，然后测量。）

3. 画一画。

师：6号蟋蟀想挑战冠军，你觉得它要跳几厘米才能挑战成功？结果它跳了7厘米，你会把它跳的长度画下来吗？（学生操作并汇报。）

### （2）用生活的线索串联知识

在教学中，有一类教材与生活的关系异常密切。对这种学生非常熟悉的教学内容，我们完全可以还原或模拟生活情境，充分调动学生已有的生活经验，让学生在交流或交往活动中分享体会和收获。用生活作为组织教学活动的线索，可以很好地帮助学生学好知识。

例如"认识元角分"一课，许多教师在教学时会设计成两大环节：一是识别人民币，二是计算人民币。其实，这两个环节我们没有必要分割开来，而可以融为一体，一开始就把整节课设计成一个购物场景，让学生扮演顾客和营业员，以付钱、找钱、换钱、借钱、捐钱等为活动线索，在"生活"中反映出学生认钱的情况和算钱的水平。

### （3）用思维的线索串联知识

在教学中，可用情境来"客串"知识教学，给一节课以情感热线，让学生学得开心，然而这样的学习线索许多情况下是外加的。其实，就知识本身而言，其演变有着一定的结构和脉络，如果教师能够把这条隐藏在教材编排中的思维热线显现出来，使不同叙述、不同类型的例题或习题由此变得更加紧密，将有利于学生弄清知识的线索、摸清知识的"家底"。

例如"用画图策略解决问题"一课，苏教版教材安排了以下例题（图14-5）和习题（图14-6、图14-7）：

梅山小学有一块长方形花圃，长8米。在修建校园时，花圃的长增加了3米，这样花圃的面积就增加了18平方米。原来花圃的面积是多少平方米？

图14-5

小营村原来有一个宽20米的长方形鱼池。后来因扩建公路，鱼池的宽减少了5米，这样鱼池的面积就减少了150平方米。现在鱼池的面积是多少平方米？（在下图中画出减少的部分，再解答）

图14-6

1. 下图是李镇小学的一块长方形试验田。如果这块试验田的长增加6米，或者宽增加4米，面积都比原来增加48平方米。你知道原来试验田的面积是多少平方米吗？（先在图上画一画，再解答）

2. 张庄小学原来有一个长方形操场，长50米，宽40米（如下图）。扩建校园时，操场的长增加了10米，宽增加了8米。操场的面积增加了多少平方米？（先在图上画出增加的部分或在纸上列表，再解答）

图14-7

分析这些题目的结构，我们不难发现，"试一试"与例题相比，都是单量变化，但变化的要素与方向不同，属于同层次的思维变式，而"想想做做"的第二题则为双量同时变化，思维难度更高（如下页的表）。

## 十四、"诗歌"对教育的启示

| 量的变化 | | | | 题目配置 | |
|---|---|---|---|---|---|
| | 长 | 宽 | 面积 | | |
| 一个量变化 | + | | | 例题 | "想想做做"第一题 |
| | | + | | | |
| | - | | | | |
| | | - | | "试一试" | |
| 两个量变化 | + | + | | "想想做做"第二题 | |
| | - | - | | | |
| | + | - | | | |
| | - | + | | | |

鉴于此,我们不妨把上述题型的变化作为串联全课的线索——

(出示"梅山小学有一块长方形花圃,长8米,宽6米")师:看到这些信息,你的脑海中浮现出了什么?

生:一个长8米、宽6米的长方形图形。

(补充问题"这个长方形花圃的面积是多少?")师:要求这个问题,你需要画图吗?为什么?

生:不需要画图。因为可以直接根据长方形的面积公式求出结果。

教师出示例题,许多学生解答有困难。

师:像这样不能一下子就想清楚的图形题,我们可以怎么办?

生:画图。(教师揭示课题)

……

(例题教学后)师:除了长发生变化,还有什么发生变化,我们可以采用画图的策略来解决问题?

生：宽。

师：对！另外，长或宽除了增加，还可以怎样变化？

生：减少。

教师出示"试一试"和"想想做做"第一题，让学生用画图的策略来解答。

师：刚才这些题目都是长或宽单个量发生了变化，它们还可以怎样变化？

生：长和宽还可以同时增加、同时减少或者一个量增加一个量减少。

教师出示"想想做做"第二题。

……

上述让知识以自身的演变线索来"主演"教学，与把这些题目"客串"在一个"土地改造"的外在情境中相比，在教学价值上显然更胜一筹。

## 2. 并联式

几节课，是时间单元的整体，也是知识单元的整体。不管教材内容属于知识的同化还是知识的顺应，我们都能找到前后知识之间或前后课时之间相互连接的"蛛丝马迹"。特别是对于平行教材，我们更能发现它们在教材编排上和素材选用上的一致性或相似性，这就为"教师只教一节课，学生自学一类课"提供了触类旁通的可能。下面提供几种知识的并联方式：

**（1）用素材的线索并联知识**

在知识的关联上，后继知识是前有知识的延续，我们可以发现，许多教材的编写所采用的素材具有一定的衔接性,后继素材是前有素材的延续。对这样的教材,我们在设计后续教学时,可以充分利用前面一节课的素材导入新课。前后教学素材的并联有利于引导学生由新旧素材的相通感受到新旧知识的相通。

例如,苏教版教材"用字母表示数"一课,我们可以发现第一课时与第二课时的例题所采用的素材都是用小棒摆图形,其区别只是摆法不同,得到的结果不同:第一课时(如图14-8)教学用字母表示一步计算的数量关系,第二课时(如图14-9)教学用字母表示两步计算的数量关系。

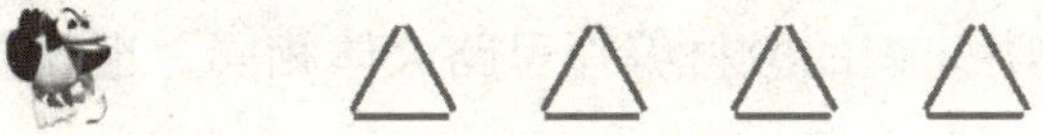

摆1个三角形用3根小棒;
摆2个三角形用小棒的根数是:$2 \times 3$;
摆3个三角形用小棒的根数是:(　)$\times 3$;
摆4个三角形用小棒的根数是:(　)$\times 3$;
摆$a$个三角形用小棒的根数是:(　)$\times$(　)。

你知道这里的$a$可以表示哪些数吗?

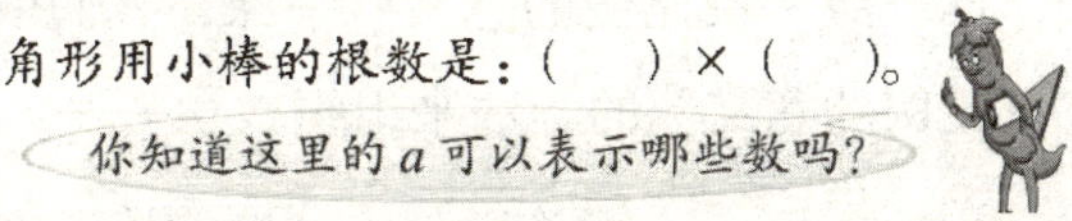

图14-8

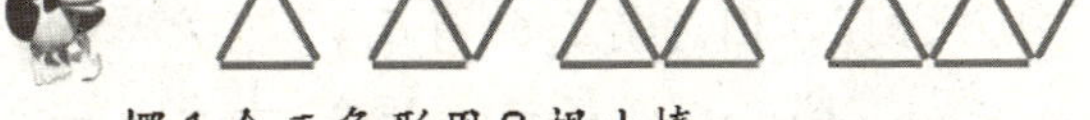

摆1个三角形用3根小棒;
增加1个三角形后,共用小棒的根数是:$3 + 2$;
增加2个三角形后,共用小棒的根数是:$3 + 2 \times 2$;
增加3个三角形后,共用小棒的根数是:$3 + 2 \times$(　);
增加$a$个三角形后,共用小棒的根数是:$3 + 2 \times$(　)。

图14-9

在设计第二课时时,如果我们看到与第一课时所用素材的相通性,那么教学导入的线索就可以从复习第一课时的例题开始,然后改变小棒的摆法接入对第二课时的例题的探究。在抽象出字母式后，我们还可以回过头来与第一课时例题的字母式进行比较，从而看到所学知识的"进步"。

例题素材的选用除了前后两节课的并联，其范围甚至可以扩大到一个单元几节课的并联。例如苏教版教材四年级上册"除法"单元，5个课时的5个例题的素材都是以"书"为线索贯穿整个单元：第一课时例题的素材主题是"买书"，第二课时例题的素材主题是"分书"，第三课时例题的素材主题是"看书"，第四课时和第五课时例题的素材主题是"借书"。

（2）用学法的线索并联知识

在教材中，许多同类知识的教材编写思路大体相同，也就决定了学生的学习思路也大体相同。那么，我们就可以引导学生把第一节课中所获得的学法自觉迁移到下一节课的学习中，也就是说下一节课的学习思路和学习方式可以让学生自己来制定，从而实现学生的自主学习。

例如，苏教版"反比例的意义"一课，我们就可以充分利用学生前一节课"正比例的意义"的学法来组织教学——

师：我们上一节课学习了"正比例"，你觉得今天我们将会学习什么内容？

生：我认为会学"反比例"。因为有正就有反。

师：对。那么，成反比例的量会是怎样的呢？我们可以怎样来研究？

生：我们可以像学习正比例那样，通过具体的实例来研究。

教师出示例题，引导学生采用上一节课的学法，找出变量，列表计算，发现规律，然后抽象概括出反比例的意义。

这种并行教材除了前后两节课的连续，还可以是连续一组课，例如乘法口诀的教学，虽然有许多节课，但只要突破了前几节课的教学，当学生掌握了大体相同的学习流程，之后的乘法口诀教学就可以实现学生的学法迁移，让学生做小老师，自行创造出更多的乘法口诀。

如果把视野再放远一些，对于许多并不在一个单元的不连续的课，也可以找到它们之间的血缘关系，例如苏教版教材分散在各册独立成章的"找规律"单元知识与"运算律"单元知识似乎并不"同在一个屋檐下"，但实际上后者也是找规律。如果从更大的范围来看，许多涉及探究发现的知识多多少少都有着找规律的因子。于是，这样的一串课在教法上就可以"同唱一首歌"，实现学生学法的同化。

又如围绕"转化"，我们就可以找到许多具有相同基因的教材，可以是同一领域中的知识——数与数的转化、形与形的转化，也可以是不同领域中的知识——数与形的转化。这样的教材，我们同样可以把它们并联在一起让学生自行设计学习。

综上所述，做好课堂教学中知识的连接艺术，至少有以下两方面的好处：一是在学习方式上，可以较好地实现学生的快乐学习和自主学习，让学习不再无趣，让学生不再感到无能；二是在学习内容上可以较好地实现整体学习和深度学习，知识不再是一个个"零件"，学生不再是一个个"零工"。

### 翰"师"明言

"起承转合"放到教学中，既可以是一条知识的生长线，也可以是一条知识的情感线，还可以是一条知识的连接线。

# 十五、"故事"对教育的启示

## ——课堂可否多一些学生的惊叹声？

我小时候经常听到这样一首歌："我们坐在高高的谷堆旁边，听妈妈讲那过去的事情……"故事，我们都爱听。故事，侧重于事情过程的描述，情节跌宕起伏。好的故事之所以吸引人，在于故事的过程常常能够引起读者的好奇；好的故事之所以吸引人，还在于故事的结局常常能够引起读者的惊奇。

听故事能够让人精神振奋。学生听课，难免有走神发困之时，尤其是夏日上课，学生更容易发困打盹，这时候教师是否善于调节课堂气氛，则显示了教师的教学水平和应变技巧。著名翻译家林纾先生在北京大学兼课时，有的课被排在下午两三点钟，此时正是学生昏昏欲睡之时。看到这种情况，林纾把书一合说："给大家讲个故事吧。"学生一听，精神为之一振。林纾以其特有的语气讲道："有一个风流和尚，一次经过一座桥，看见一位美女姗姗而来。"学生此时都集中精神听他讲故事呢，而林纾却卖个关子，戛然而止。学生们不干了，请他继续讲和尚和美女的故事，他却缓缓地说："没什么，一个向西，一个向东，走了。"学生大笑，睡意全无……

课堂教学，也重于知识过程的描述，强调环节的跌宕起伏，从而阐发道理或者价值观。好的课堂教学如讲一个好故事，知识的展开能够引发学生的好奇和惊奇。沉闷的课堂只有教师的讲解声，只有学生的读书声,而跌宕起伏的课堂还应该时不时地爆发出学生的惊叹声甚至惊叫声。江苏省教育科学研究所所长彭刚认为惊喜应作为一种课堂教学评价的尺度,"说到底,教育教学其实就是给学生以惊喜的过程,就是让学生在惊喜中获得更多发展可能性的过程。从这个意义上说,'惊喜'就是教育教学打开精神成长的明亮之窗的隐喻,它要求教师打开丰富的现实世界、知识世界和精神世界之窗,让学生在惊喜中看到一个更开阔、更丰富、更遥远的世界。"

## （一）让学生对学习过程充满好奇

### 1. 教师要学会讲有意思的故事

有一种故事叫悬疑故事,特别耐人寻味,其设置的悬念让人产生阅读的强烈欲望,悬而不决的结果又让人挂念,直至看完,知道答案的水落石出,才肯放手,才能放心。如果我们的课堂也能够充满这样的悬疑,让学生充满刨根究底的好奇,这样有"故事"的课与教师喋喋不休的课相比,更能赢得学生的好感和好评。

古希腊哲学家亚里士多德说:"思维自惊奇和疑问开始。"要让课堂充满好奇,首先是让学生的思维从疑问开始。并且,这种疑问不能一带而过、转瞬即逝,而应该能够一直悬疑下去,久久地吸引着学生。

在这样有"问题"的课堂中,学生的学习一定会有"故事"。爱因斯坦曾经说过:"思维世界的发展,在某种意义上说,就是对惊奇的不断摆脱。"只要能够使学生的思维发动起来、运转起来,问题就变成了学问,而学生为了能够早些摆脱惊奇,就会不遗余力地去一看究竟或一探究竟。所以,课堂有悬疑应该成为教学的常态,也应该成为教学的常识。鲁迅先生在教学中就很讲究这一点，有一次给大学生讲《红楼梦》，他首先引用了一段对林黛玉的描写，接着就发问："大家爱不爱林妹妹？"课堂顿时活跃起来，学生的兴趣被激发了。当悬疑有了结果的时候，学生的学习也已经有了结果；当故事有了结局的时候，课堂教学也已经有了结局。

要让学生感到有"故事"，我们的教学先要有趣，让学生在一片"哈"声中学习；我们的教学还要有劲，让学生在一片"哇"声中学习；我们的教学更要有疑，让学生在一片"咦"声中学习。一位语文教师在教《捞月亮》一课时，她首先问学生："你们知道月亮在什么地方吗？"学生齐声回答："月亮在天上。"教师又问："那么它会不会掉到水里去呢？""嘻嘻！""哈哈！"课堂上一片笑声，很显然学生都觉得这是一个不成问题的问题。这时，教师用一种神秘的语气说："同学们都很聪明，知道月亮是不会掉到水里去的。可是……"她在这里停了一下，同学们瞪着眼睛，听老师往下说："可是却有一些人，他们不仅认为月亮掉到水里去了，还到水里去捞月亮呢。"听到这里，学生的眼睛瞪得更大了。教师笑了笑，说："我知道你们想问，是谁这样蠢呢，他们怎么会以为月亮掉到水里去了呢，又是怎样捞月亮的呢，结果又是怎样的呢？你们都想把这一连串的疑问弄清楚，对吗？"学生异口同声地说："对！"教师让学生翻开课文，让他们自己寻找问题的答案。于是，学生一头扎进课文内容。这里，教师在教学中创设了两次"惊奇"，引导学生在急于"摆脱惊奇"中实现主动学习。

柏拉图说过这样一句话："谁会讲故事，谁就控制世界，谁就拥有整个世界。"罗素也说过一句话："教师的工作基本上属于表演业，他要用戏剧和故事说演的方式，将知识和智能呈现出来。"所以，教师要拥有学生、拥有课堂，就应该学会讲故事。会讲故事理应成为教师的基本功。数学课虽然不像语文课那样本身就是故事、到处都有故事，但教师也经常会加进一些小故事来渲染气氛、引荐知识。例如在教学"体积的意义"时，许多教师会利用语文课中《乌鸦喝水》的故事："为什么瓶子里的水没有增加，丢进石子后水面却上升了？"又如在教学"分数的基本性质"一课时，许多教师会讲猪八戒吃西瓜的故事。

有的故事有着各种各样的版本，我曾经利用这一点使"加法交换律"数学课做到首尾呼应，很好地考察了学生对知识的理解和掌握。课一开始，我就给学生讲了一个版本的《朝三暮四》成语故事（如图15-1）。

图 15-1

等学生看完故事，我就问学生："你们想对这些猴子说什么？"学生笑着说："它们真笨。"接着我从"哪里看出它们笨了"自然地引出"4+3=3+4"

这一个加法等式,顺势引入对加法交换律的探究。在下课之前,我又给学生讲了另一个版本的《朝三暮四》的成语故事(如图15-2)。

图 15-2

在学生看完故事后，我问学生："你们觉得这些猴子真的懂加法交换律了吗？"学生笑着说："它们并没有真懂。"我笑着问学生："那你们懂了吗？"学生大笑着说："我们是聪明的人类，当然骗不了我们。"课就在一片笑声中结束，学生难忘这节课中的两个故事，也就难忘这节课以及在这节课上所学的知识。

## 2. 教师要学会讲有意义的故事

然而，课中有了故事，教学不一定就会有"故事"。要让教学有"故事"，首先，教师讲的故事要有意思：一是"有意思"，让学生感到故事情节的有趣；二是有"意思"，让学生感到故事内容的有用。其次，教师讲的故事要有意义：一是有"意义"，让学生体会到故事中的知识价值；二是"有意义"，让学生体会到故事中的思想价值。学生不仅能够从中获得知识上的启发，而且能够从中获得思想上的启示，这是更高境界的讲故事。例如有一位教师给学生讲了这样一个故事——

有一个人问老船长："如果前方海面上有一个巨大的风暴圈正在迎面袭来，请问你将如何处置？"老船长微微一笑，反问他："如果是你，你将怎样处置？"

那人想了一下，说："将船头掉转180°，返航！这样可以逃离暴风圈。"老船长摇了摇头："不行。这样做只会延长船与风暴接触的时间，反而危险！"

另一个人说："将船向左或右转90°，设法避开风暴圈的威胁。"老船长仍是摇摇头："也不行。如果这样做，将会使船身增加与风暴圈接触的面积，更加危险！"

众人不解，就问他究竟应该怎么办才对。"只有一个办法，那就是迎向风暴圈，冲过去！"老船长坚定地说，"既可以使船与风暴圈接触的面积最小，还可以大大缩短船体与风暴圈接触的时间。"

当我们遭遇困境时，最好的解决办法也许就是像老船长所说的那样：迎上前，冲过去！

这个故事意味深长，首先其中隐含着许多数学意味："将船头掉转180°"可以与数学中的"追及问题"建立联系，"迎向暴风圈，冲过去"可以与数学中的"相遇问题"建立联系。另外，故事中还涉及了数学的面积知识。除了教学意义，它还有教育意义，"迎上前，冲过去！"是故事蕴含的哲理。可以说，这种有脑子的故事对学生知识的提高和思想的提升都是有益的。

或许有人会说，在数学课中，故事并非其主要表现形式。确实，在数学课中，故事最多也只能算是一种"滋补品"，而能够让学生产生好奇的应该是一个个充满疑惑的问题，它同样能够让课堂有"故事"。我们都知道，"学起于思，思源于疑"，疑能使人的心里感到困惑，产生认知冲突，进而拨动思维之弦。适时激疑可以使学生因疑生趣，由疑诱思，以疑获知。

例如教学"三角形的内角和"时，可以让学生用量角器量任意三角形两个内角的度数，教师很快地说出第三个内角的度数。这时学生就会感到好奇，很想知道教师是用什么方法知道的。又如教学"年月日"知识时，教师可以这样激疑："有个小朋友今年12岁了，但他才刚刚过了三个生日。你们信不信？"这样的引趣激疑性问题一般不要求学生马上回答，而是要等知识都学完之后才能寻觅到知识的答案。

大自然有许多神奇现象让人不解。如果这样的神奇中隐含着知识，无疑会使学生的思维激起巨大的浪花，获得心灵上的震撼。例如教学"素数和合数"时，一位教师讲了这样一个故事，学生听后眼界大开，感叹："小小虫子竟然也懂数学知识"——

1634年，来自欧洲的殖民者在美洲大陆田纳西地区经历了一场恐慌：大量的蝉（达到每公顷数百万只）仿佛一夜之间从地底冒出，几个星期之后，又销声匿迹。时隔17年，这一现象再次出现。直到1991年，这种现象共出现了22次，周期非常准确。科学家发现，蝉的生命周期大都为质数，比如在北美洲北部地区周期为17年，而在北美洲南部地区周期为13年，为什么是17和13，而不是其他数字呢？科学家解释说，蝉在进化的过程中选择质数为生命周期，可以大大降低与天敌遭遇的概率。比如它的生命周期是12年，则与那些生命周期为1年、2年、3年、4年、6年及12年的天敌都可能遭遇，而使得种群生存受到威胁。

## （二）让学生对学习结果充满惊奇

### 1. 让学生惊奇于破案中的知识

还有一种故事叫惊异故事，其设计的情境一波三折，结果出人意料，让人的思绪久久难以平静。我曾经看到这样一则"惊心动魄"的故事——

晚上我加完班，末班车里没几个人。一个衣冠不整的男人凑了过来："小河里的无头女尸，你知道是谁杀的吗？'斧头帮'听说过吧？"他的手向随身包里伸去。这下我真吓着了，一边估量他包里能不能放得下一把斧头，一边想着对策。还没等我做出决定，他像变戏法似的从包里拿出一沓报纸："买一张《法制报》吧，看完你就都知道了。"嘿，原来是卖报纸的！

观察我们的课堂，知识的发生、情节的发展、思维的发起大多表现得平铺直叙，教学的结局都是"1+1=2"，没有悬念，更没有惊奇，许多学生一上课就知道最后会怎样，从教师说第一个字、做第一件事开始就知道接下来教师会说什么、会做什么。前段时间，电视剧《步步惊心》热播，观众看得步步惊心，我们的课堂虽然不需要如此，但至少应该能够让学生牵肠挂肚。

"惊心动魄"的故事首先让我们想到的是破案故事。破案是需要学问的，其情节很容易与学校中所教学的知识挂钩。例如，下面这个破案故事，就饱含着数学知识——

巴黎郊外有一座中世纪留下的古老城堡，其年代几乎与著名的巴黎圣母院同样久远，因而成了旅游观光的胜地。古堡的顶层有一座尘封的钟楼，里面住着一个怪人。顶层唯一的对外通道是个走起来嘎嘎响、陡峭异常的木质楼梯，大约有几十级，但肯定不到100级。

某日黄昏，怪人的四位互不相识的朋友阿列克赛、巴顿、克林、杜邦几乎在同一时间先后来访。他们发现怪人已经被杀害，四人大惊失色，争先恐后地逃走。从脏乱不堪的狭窄楼梯（一次只能通过一人）跑下来，阿列克赛一步下2级台阶，巴顿一步下3级台阶，克林一步下4级台阶，而杜邦的本事最大，竟然一步能下5级台阶。

出事以后，侠盗亚森罗宾乔装成一名体面的上流社会绅士，自告奋勇来侦破此案。他发现，同时印下四个人脚印的台阶仅在最高处和最低处。为了追查凶手，脚印混乱了就不好办了，于是亚森罗宾特别重视只留有一个人脚印的台阶。后来的结果证明他的看法是正确的，最后凶手果然被抓获。

现在要问的是，通向钟楼的木楼梯上有多少级台阶只印下了一个人（不管是谁的）的脚印？

答案是：由于4的倍数肯定是2的倍数，所以克林的情况可以不必考虑，这就省掉了一个人，2、3、4、5的最小公倍数是60，而60又小于100，所以钟楼的木楼梯共有60级台阶。

阿列克赛的脚印落在第2、4、6、8、10、12……58、60级台阶上，但应排除2×3及其倍数的各级阶梯；同理，还需要排除4的倍数的各级阶梯和5的倍数的各级阶梯。于是剩下第2、14、22、26、34、38、46、58，共八级。其一般形式为$2\times p$（其中$p=1$，以及除去2、3、5以外的素数）。

巴顿的脚印落在第3、6、9、12……60级阶梯上，但应排除混有别人脚印的第6、12、15、18……级阶梯，剩下第3、9、21、27、33、39、51、57，共八级。

前面已经说过克林的情况可以不考虑了，最后再来看一下杜邦的情况。很明显，只留下他一个人脚印的阶梯是第5、25、35、55级，共四级。

所以，问题的答案是8+8+4＝20级。

从破案故事中引出数学知识，可以很好地达到让学生在"惊心动魄"中学习的目的。案情的复杂会让学生感到思想的紧张，案情的破解会让学生感到知识的力量。其实，学生的学习过程也可以看成"破案"的过程，许多知识之谜需要学生去破解。高明的教师是不会让学生轻易就找到答案的，而是会给学生设置"破案"的障碍，用知识的悬疑不断激励学生"深入虎穴"，最终"掏得虎子"。也就是说，"案情"越是复杂，"破案"过程越是曲折，就越能够激起学生不愿放弃的好奇心和不甘失败的好胜心。

## 2. 让学生惊奇于应用中的知识

在学习的开头，我们应该让学生感受到探索知识的神奇；在学习的结束，还应该让学生感受到应用知识的神奇。如今的学校教育常常忽视这一点，知识只是为了解题，即使放置于生活的场景中，也常常只是解答一些应用题，而对知识能够改善生活、改造世界、改变命运的巨大作用轻描淡写，致使学生感觉学习的目的只是为了考出好成绩。知识之用就在我们的身边，知识无处不在、无所不能，如果有一双善于观察的眼睛，就能够发现许多知识在生活中的神奇应用。

### （1）让学生对知识之妙感到惊奇

例如，上海教育出版社曾经翻译出版了英国的罗勃·伊斯特威和约翰·黑格合著的一本书《如何罚点球：隐藏在体育中的数学》。学生阅读了此书，就可以知道"为什么罚点球的运动员在踢球前看一下时钟会对他有帮助？""在掷硬币游戏中获胜真的很重要吗？""为什么有些人宁愿蒙着眼睛扔飞镖？"等问题的答案。

足球比赛中的点球大战扣人心弦，守门员可以通过在球门线左右移动、张开双臂、鱼跃等动作进行扑救，能否扑到点球和守门员的技术水平、身高和反应速度等有关，而罚球的球员能否射入点球和他射门的力度、角度和球的路线等有关。2009年利物浦约翰摩尔斯大学的体育运动科学总监蒂姆·凯布尔教授公布了号称"完美点球方程式"的方法，理论上球员只要按"完美点球方程式"罚点球，命中率就是100%。

### （2）让学生对知识之美发出惊叹

例如黄金分割知识、对称知识在生活中的广泛应用能让学生感到神奇，而黄金分割、对称的知识之美更让学生感到惊奇，如果在学习数学之前讲讲下面这种故事，无疑会让学生对"冰冷"的数学产生热情：

有重叠的地方往往就有美。中国民间风俗很讲究成双结对，文学里也有"双声""叠韵"等说法。在号称"人间天堂"的杭州就有这样两副对联。其中之一是：翠翠红红处处莺莺燕燕，风风雨雨年年暮暮朝朝。另一处则见于孤山中山公园的一座方亭,横匾题着"西湖天下景"五个大字,亭柱上悬挂一副楹联:山山水水,处处明明秀秀;晴晴雨雨,时时好好奇奇。

这两幅对联写出了人们对杭州与西湖山水的共同感受,不过对联的叠字毕竟有限,我们能否把重叠之美推向无限?这就得借助数学的力量了。出发点极其简单:$3 \times 4 = 12$。接下去可以写出第二式:$33 \times 34 = 1122$。重叠之美开始露头了,我们可以接下去看看第三式、第四式:$333 \times 334 = 111222$;$3333 \times 3334 = 11112222$。当然重叠之美不限于此,只要你多留意,就能够欣赏到更多的"数学之美"。

### (3) 让学生对知识之大感到惊奇

除了知识之用、知识之美能够让学生感到惊奇,知识之大也可以让学生感到惊奇,特别是当原以为它小,结果却很大,出乎学生意料的时候。

首先是数量之大可能会让学生目瞪口呆。例如,让学生把一张厚为0.1毫米的纸对半撕开,摞起来,然后撕成两半再重叠,假设如此重复这一过程,撕了25次,这叠纸将会有多厚?受"厚为0.1毫米"的影响,学生往往会自以为结果不会很大;但知道结果是像山一样高时,都会感到不可思议,从而会迫不及待地加以验证;当发现果然如此之后,自然会产生对知识的惊叹。在教学中就需要学生对知识能有这样的感觉,从而积极主动地学习。

又如一位教师教学"整万数的认识",在课即将结束时,用课件出示了一张纸、一万张纸、十万张纸、一百万张纸、一千万张纸堆积的画面(如图15-3),让学生感受到了大数的神奇。

其次是影响之大,也可能会让学生目瞪口呆。例如一位教师教学"含有亿级和万级数的认识",在课即将结束时,出示了一些显示我们国家巨大成就的大数,让学生惊叹不已,然后播放2013年中央电视台关于粮食浪费的统计(如图15-4),接着出示2012年《羊城晚报》刊载的贫困地方孩子饿肚子的照片(如图15-5),再次让学生感到震惊,从而认识到节约的重要性。如果每人每天节省1粒大米,全国13亿人每天节省13亿粒大米,大约重520000000克,合520吨;如果每个学生每天吃400克大米,这些节省下来的大米可供1300000个学生吃一天。

图 15-3

十五、"故事"对教育的启示

图 15-4

图 15-5

从上述例子我们还可以知道，心情激动可以使学生对知识产生好奇，思想震动同样可以使学生对知识产生好奇。例如在上述"整万数的认识"一课中，这些数据同样超出了学生的想象，让学生为之一震：①据统计，大气污染导致全世界每年约有 30 万～70 万人因烟尘污染而提前死亡，2500 万儿童患上慢性咽炎！②一个喷嚏射出近 1000000 粒飞沫，喷出的细菌可高达 85000000 个。如此让学生感到吃惊和心情沉重的大数还有很多，而下面似乎有点天方夜谭的真实故事（这里不再是故事，而是"事故"），更会让学生感到吃惊。

美国芝加哥一个靠养老金生活的老太太在医院施行一次小手术后回家。两星期后，她接到医院寄来的一张账单，金额是 63440 美元。她看到偌大的数字，不禁大惊失色，骇得心脏病猝发，倒地身亡。后来，向医院一核对，原来是电脑把小数点的位置放错了，实际上只需要付 63.44 美元。点错一个小数点，竟要了一条人命！

（4）让学生对知识之能感到惊奇

以上所谈的都是原以为其小，结果却很大，出乎学生意料，还有一种出人意料是原以为其大，结果却很小，这样的反差同样能够让学生对知识产生惊奇。例如上述折纸方法，厚度在不断地变大，面积在不断地变小，如果一张报纸的面积是 4251 平方厘米，对折 30 次以后，面积就变成 0.00000395905 平方厘米，比针尖还要小。

又如一位数学教师在教学"圆的周长"之后设计了这样一道充满悬念、充满意外、充满惊奇的练习题——

我出示一题：绕地球赤道一周架设若干根 3 米高的电线杆并架上电线，那么所用的电线比直接铺在地球表面一圈用的电线长多少米？（假设地球赤道是个完美的圆）

顿时，教室里"炸开了锅"，有的说至少也得几万米，有的说因地球半径不知道而无法计算……几分钟后，李同学说："地球赤道半径好像是 6300 多千米。"同学们算了起来："不可能，不可能，怎么只多 18.84 米呢？"突然梁同学兴奋地说："不知道地球半径也可以算。设地球赤道的半径为 $r$ 米，$2\pi(r+3) - 2\pi r = 18.84$ 米。""不必这么麻烦。"郑同学说，"大、小两圆周长的差其实与小圆的大小没有关系，只与半径的差有关。可以把地球缩小成一个点，电线围成的圆就是一个半径为 3 米的圆，要求多的长度，实际上就是求半径为 3 米的圆的周长。因此可直接列式为 $2\pi \times 3$。"同学们都露出了笑脸。①

"不可能，不可能，怎么只多 18.84 米呢？"这样的"不可能"让教学产生了悬念，大大激发了众多反对派学生意欲"翻案"的学习积极性。在教学中，如果教师设计的问题没有神秘感，设计的问题也就不具备刺激性、挑战性，学生就不会产生欲罢不能的探究欲望。如果教师设计的问题没有神奇感，学生也就不会对问题的结果产生好奇。如果我们把上

---

① 李辉. 引领学生思维向纵深发展——由一道习题的探究想到的[J]. 江苏教育,2007(12). 有改动。

述问题放置于对比的情境之中：假设在地球赤道上缠一根橡皮筋，同时在一个西瓜的最大横截面上也缠一根橡皮筋。如果将地球和西瓜的半径都加长 1 米，那么哪根橡皮筋被拉长的幅度大？

习题可以如此，例题更可以如此。例如，一位物理教师在讲"运动和静止"时，一开始就故弄玄虚："同学们，听说过用手抓飞行着的子弹这事吗？"学生觉得不可能："子弹飞得那么快，用手能抓得住吗？"教师却肯定地回答："确有其事。第一次世界大战时，一个法国飞行员在 2000 米的高空飞行时，发现一个小虫在蠕动，伸手一抓，不得了，原来竟是一颗子弹。""子弹？"学生感到很意外。这时教师就说道："这是什么道理呢？它就是我们今天要讲的运动和静止。"这个富有神奇色彩的故事，其"不可能却可能"的巨大反转让学生感到莫名其妙，于是就会产生必须弄明白的想法。

### 翰"师"明言

课堂上除了读书声、讨论声、欢笑声，还应该多一些惊叹声，让学生感叹于知识的神秘，让学生惊讶于知识的神奇。

# 十六、"国画"对教育的启示

## ——教学怎样勾画得"言简意赅"?

国画在创作上重视构思,讲求意在笔先。教学设计与之有着相同之处,相同的教学内容放在不同时间、面对不同的学生,就可能需要重新设计,而不能照搬以前的教案。在这一点上,我们也可以把教学设计视作"创作",需要教师重视构思,讲求意在课先。这里的"意",一是教材编排的意图,二是学生学习的意愿,三是教师预定的意想,四是教学设计的意境。

中国国画有工笔、写意、兼工带写等技法。教学设计的技法似乎也可以与之对应,"淡妆浓抹总相宜"。一般情况下,在知识的重点和难点处,教师采用的教学技法大多为"工笔",讲究精准,注重细节;在知识的连接和联想处,教师采用的教学技法大多为"写意",讲究开放,注重大气。当然,有时处理有些知识所用的技法难以断然分开,常常"兼工带写"。下面来谈一谈中国画的立意与写意这两方面的思想对教学的启示。

## (一)教学的立意要"上"

中国画创作,以立意为先。清代画家方薰说:"作画必先立意以定位置，意奇则奇，意高则高，意远则远，意深则深。"他认为平庸者作画必平庸，因为缺乏画家最宝贵的"立意"，所以作品平庸。同理，教学设计也应该以立意为先。借用方薰的话，教师应该努力追求"做课必先立意以定位置，意奇则奇，意高则高，意远则远，意深则深"，否则，设计出来的教学方案会平庸，谈不上是教学的"创作"。

## 1. 让课"意奇则奇"

我曾经在杂志上看到韩国的曹老师的一节数学课，其奇特的教学立意让我像他的学生一样"屏住了呼吸"——

为了说明三角形是最牢固、最具有稳定性的一种图形，曹老师采用了一种很有趣的阐释方式。首先，他娴熟地只用了两三笔画出了一个卡通小孩；接着，他在小孩的旁边又画起来，边画还边吊学生的胃口："大家知道我将要画的东西是什么吗？"所有的孩子都屏住了呼吸，焦急地伸长脖子看着老师手中挥动的粉笔。渐渐地，学生们看出来了，有人很兴奋地大叫："是鳄鱼，老师！""对，是一条鳄鱼，它正张开了大嘴巴，想吃掉这个小孩。但很奇怪，这个小孩一点儿都不害怕。当然，如果他赤手空拳的话，肯定会被鳄鱼吃掉。但他拿着一根棍子，结果会怎么样呢？"曹老师一边肯定学生的回答，一边拿起一根很短的棍子，在鳄鱼的大嘴上比画了一下，然后又拿起另一根长的棍子，放到鳄鱼张开的大嘴巴上，刚好把鳄鱼的嘴巴完全支撑住了。

学生们都被老师的举动吸引了，静静地瞪大眼睛看着老师手中那根制敌的棍子。只见他用左手按住棍子，同时用右手指向棍子和鳄鱼张开的嘴巴所构成的三角形，然后问："人会被吃掉吗？"一个女生似乎还沉浸在刚才那惊险的一幕中，怯生生地说："不会。"这时，她旁边的小男孩有点担心地问："如果鳄鱼把棍子咬断了，怎么办？"老师只是笑了一笑,然后转过身去,在卡通小孩的头的上方画了一个泡泡,里面写上卡通小孩的话:"我敢肯定,三角形的力量不会让我失望的。"画完这些,曹老师又比画了一下这个由棍子和鳄鱼嘴巴构成的三角形,说:"如果他没有学过三角形,那他的命就保不住了。但幸好他懂得了'在已有的两条边上,再加一条边,就能组成一个三角形'。他还知道三角形是几何图形中最坚固的一种,这就是他能活命的原因。"①

两幅"写意"的简笔画,把知识的意思和意义充分地"写"出来了,或许,这样"写意"的教学技法人人都会,而曹老师的"创意"是,对"三角形的三边关系"这样枯燥而平常的数学内容,他竟然做到了让学生"屏住呼吸"。他巧妙地选用了鳄鱼做文章,让学生在又惊又怕中深切体会知识的学术价值以及知识的实用价值。一节课结束,学生不怕鳄鱼了,也不怕学习了。

## 2. 让课"意高则高"

要让我们的课"意高",就要让我们的课不仅具有教学意义,而且具有教育意义,甚至具有哲学意义,让学生既能获得知识上的启发,又能获得生活上的启示,还能获得思想上的启迪。我曾经从哲学的高度设计过"交换律"一课的教学,先从生活中的"变与不变"现象过渡到数学中的"变与不变"规律,最后引申到人生中的"变与不变"思想,从"变与不变"的生活意义到"变与不变"的知识意义再到"变与不变"的哲学意义,在整个教学过程中埋伏了"变与不变"这条充满辩证意味的思想暗线,在全课总结和知识拓展时让学生"觉悟"这一辩证思想——

---

① 彭坚. 一堂别开生面的数学课 [J]. 基础教育参考,2007(7). 有改动。

十六、"国画"对教育的启示 ·227·

◆ 总结与提炼

师：今天这节课，哪个词给你的印象最深？

生：交换。

师：是啊。交换会使事物的位置发生变化，但在变化之中也存在着不变。你能抓住"变与不变"来总结今天学习的内容吗？

◆ 拓展与提升

师：下面的事物（见图16-1）交换以后，分别会得到怎样的结果？

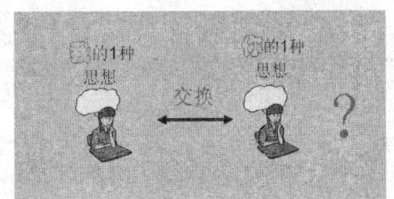

图 16-1

## 3. 让课"意远则远"

要让我们的课"意远"，教学就不能坐井观天甚至画地为牢，停留于"此时到此时"和"此处到此处"这种"点对点"的封闭式设计。

**（1）除了看到知识的"此时"，还要看到知识的"将来"**

例如"圆的认识"一课，现在使用的小学数学教材大都从生活中学生熟悉的圆形物体引入圆的教学，但如果我们能够看得远一些，从初中对圆的定义——"当一条线段绕着它的一个端点在平面内旋转一周时，它的另一个端点的轨迹叫作圆"来设计本课，可能就会像华应龙老师那样通过"小明寻宝"的情境来引出"圆的认识"——

师：小明参加了一个寻宝游戏，宝物就藏在距他左脚 3 米的地方，你知道宝物在哪里吗？请你以一点代表小明，在纸上标出宝物的位置。

教师利用多媒体将学生认为的宝物位置以点的形式不断出示，多媒体上出现了无数个点，从而形成一个圆。

师：为什么这些点都可能是宝物的位置？

生：因为它们离小明的左脚都是 3 米。

师（在圆内指一点）：是在这里吗？

生：不是。

师：为什么？

生：因为它与小明左脚的距离不是 3 米。

师（在圆外指一点）：是在这里吗？

生：不是。因为它与小明左脚的距离也不是 3 米。

……

上述教学设计的原理是中学知识，离小学生有点远，但教师所创设的情境却离学生不远，所以学生也就感到理解知识并不难，这就是教师的高明之处——既能够让学生具有远见，又不超出学生的认知水平。如此教学更大的好处是，之后学习圆的特征和圆规的使用原理就有了根据，顺流而下，知识的得来不费工夫，自然而轻松。

如果教师的视野放得更远一点，能够看到高中数学中的立体几何，或许就会在结尾对上述情境和本课知识进行延伸，体现小学知识并不"小"的教学立意，从而让学生走得更远——

师：刚才的小明寻宝，宝物除了可以在这圆上任意一点外，它还可能在哪里？

生：可能在小明左脚下 3 米。

生：可能在小明左脚上 3 米。（课件上小明的上方有树枝）

师：对了，只要符合离左脚3米的条件，都可能是藏宝物的地方，它形成了一个立体的图形——球体。球体的知识我们将在高中学到，和平面图形圆一样，球体上的任意一点到球心的距离都是相等的。

……

**（2）除了看到知识的"此处"，还要看到知识的"彼岸"**

如果我们把视线放远至历史文化，或许就会借用墨子的"圆，一中同长也"来引入圆的特征的教学，并通过让学生自行解释这句话的意思达到对圆的特征的理解；我们或许还会借用老子的"大方无隅"，用课件演示正多边形边数不断增多最终变成"圆"，让学生从视觉的角度直观形象地理解这句看似深奥的数学术语，体验物质变化的神奇与美妙。另外，如果我们把视线放远至美学文化，本课或许又有了另一种设计思路，那就是抓住西方数学哲学家所持的观点——"一切平面图形中最美的是圆形"来引出知识，围绕"圆形美在哪里"这个问题展开整个教学，它是另一种意味的教学设计。

## 4. 让课"意深则深"

一堂有价值的课应该是意味深长的，给予学生的影响应该是多元而立体的：有知识的丰厚、技能的纯熟，更有方法的领悟、思想的启迪、精神的熏陶。

例如"交换律"一课，为了使之达到科学探究的深度，教学线路可以设计成"猜想—验证—结论"符合科学研究的程序。为了让学生深入研究，教师要深入挖掘研究的材料，除了做到数量充足和类型多元，还应做到形式多样，首先让学生举正例，渗透归纳法，然后让学生举反例，渗透反证法。如此的深入学习是符合科学要求的，能够让学生体会到其中的科学精神。为了能够让教学意味深长，在揭示加法交换律之后，教师还应该引导学生继续深思"减法、乘法、除法中也有交换律吗？"这个由此及彼的问题，进行新的探索。如此"全面"的探索可以有效打破学生惯常的"凡是老师教的都是对的、都是可行的"这一思想成见，还科学研究应有的真义。

又如，在"运算律"全部学完后，为了让学生认识更加深刻，教师可以在复习时引导学生用"形"来理解"数"：用线段图知识来解释加法交换律和加法结合律，用长方形的面积和正方体的体积知识来解释乘法交换律、乘法结合律和乘法分配律（见图16-2）。这种数形结合的思想方法既简洁明了又形象生动，可以促使学生在学习运算律知识和形体知识之后进行一次思想的综合和提升，这样的复习设计还可以教给学生一种很好的思维方法和学习方法。

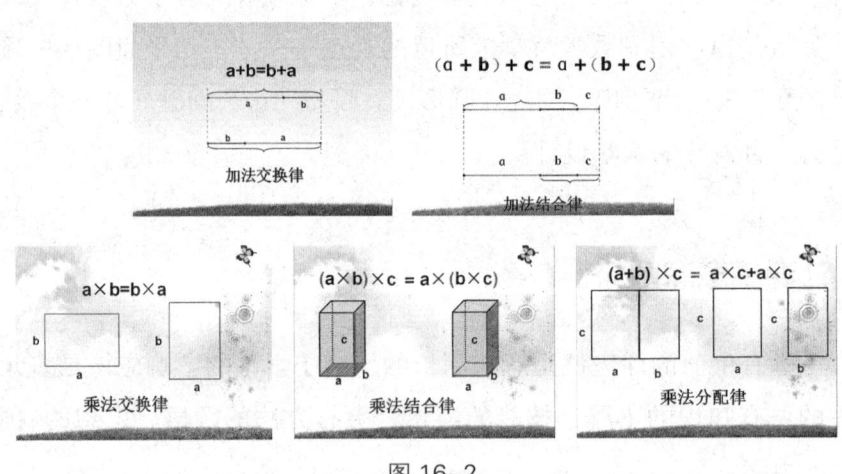

图 16-2

## （二）教学的写意要"简"

中国画的写意是以线存形的，通过线勾出轮廓、质感、体积来。写

十六、"国画"对教育的启示

意是一种形简而意丰的表现手法，体现着"笔愈简而气愈壮，景愈少而意愈长"的审美观念。法国的罗丹曾经强调过："一根规定的线通贯着大宇宙。"教学设计也可以说是以"线"存形的，有看得见的情景线、知识线，还有看不见的情感线、智慧线，这些明线和暗线勾勒出了一堂课的轮廓、质感和体积。其中，知识线是"一根规定的线"，它必须遵循知识由少到多、由点及面、由浅入深、由内而外的生长轨迹。只有知识线清晰、粗壮，学生的认识才会深刻、全面。而要达到这样的效果，我们必须让知识线染上生命的色彩，必须让知识线"通贯着大宇宙"——与知识的情景线和人的情感线、智慧线紧密地结合在一起，使课堂不仅有轮廓，而且富有质感、具有体积。

这种情知交融在一起的教学线条可以使课堂结构更加专"一"，有效避免课堂的繁杂、臃肿、凌乱。具体而言，教学的主线可以有以下几种设计方法。

## 1. 让课"一气呵成"

创设情境是教学活动产生和维持的纽带，是沟通知识与生活、知识与学生的桥梁，也是促进学生有意义学习的起点和原始动力。然而，在教学中，情境创设在许多情况下只作为知识的导入，一旦知识引出，教师便"过河拆桥"，致使课堂教学中的情境常常昙花一现，没有尽到"维持"的责任。

我们可以思考的是，怎样让情境的"体积"最大化，让知识的导入、知识的探究、知识的抽象"一气呵成"，成为教学主要环节的主打节目？下面一节"倍的认识"的数学课，执教教师改编了教材，重新进行情境一体化设计，就很好地使新知导入、新知揭示和新知练习"一气呵成"——

师：瞧，春暖花开的郊外景色多美呀！绿茵茵的草地上有几朵红花，几朵蓝花呀？你能把它们比一比吗？"（见图16-3）

【设计意图：此情境把"倍"的导入和"倍"的揭示融为一体】

图 16-3

师：看了这么多漂亮的花朵，小蜜蜂和小蝴蝶也来了。蝴蝶的只数是蜜蜂的几倍？（见图16-4）

【设计意图：此情境延续上述场景，只是换了一个素材，以帮助学生巩固刚学的"倍"的知识】

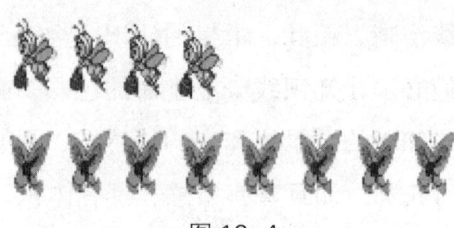

图 16-4

师：这么漂亮的蜜蜂和蝴蝶，让它们永远留在我们的相册里吧！来，伸出手来，拿起相机，给它们拍照啦！咔嚓、咔嚓，蜜蜂照放在绿色相框里，蝴蝶照放在红色相框里。红色相框的个数是绿色相框的几倍？（见图16-5）

【设计意图：此情境延续上述素材，借用生活手法——"拍照"形象地过渡到知识的另一种表达方式，逐步由物体的个数抽象到图形的个数，来帮助学生进一步认识"倍"的知识】

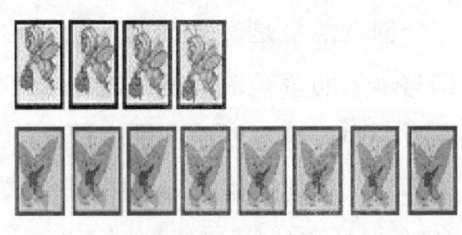

图 16-5

师：再来张集体照吧！咔嚓、咔嚓！红色相框的大小是绿色相框的几倍？红色相框的长是绿色相框的几倍？（见图16-6）

【设计意图：此情境依然延

图 16-6

续上述素材，依然借用生活手法——"拍集体照"，非常自然地把研究对象由离散的个数升级为连续的面积和长度，来帮助学生更深刻地认识"倍"的知识】①

"浑然天成最为佳，清新自然不著痕。"上述教学设计，用一根情境线把知识研究的对象自然地串联起来：美丽的景色中有花儿，花儿吸引了蝴蝶和蜜蜂，给蝴蝶和蜜蜂拍照留念引出图形和长度。如此充满诗情画意的情境让教学顺流而下、一气呵成，在环节设计、素材设计上教师就不必另起炉灶，整个导入过程和新授过程显得简洁、明快、清爽。

## 2. 让课"一脉相传"

知识都有延续性，教学同样有延续性。我们应该让前后知识、前后教学能够"一脉相传"，引导学生用之前掌握的知识、学法来"同化"新知以及新知学习。当学生拥有了"同化"的本领，也就拥有了自学的本领。让知识和教学能够"一脉相传"还有一个好处是可以简化后继教材教学设计的线路，教师只需要让学生找到知识的脉络、摸到学习的脉搏，学生的知识学习就可以"按图索骥"，增大了学生自主学习空间的"体积"。

例如五年级的"认识小数"（第二课时）一课的教学设计，主要教学任务是认识两位小数、三位小数等小数。如果教师认识到学生在三年级已经认识了一位小数，那么本课教学就可以充分利用学生已有的学习经验，可以先直截了当地启发学生由"一位小数"的名称结合生活经验（如商品价格）推想出"两位小数""三位小数"等小数的类别，进而引导学生推想出"两位小数""三位小数"等小数的意义，之后的教

---

① 本案例由江苏省无锡市锡山区羊尖实验小学李艳红提供，有改动。

学就可以直接聚焦于利用生活、利用旧知帮助学生证实这样的推想。另外，在本课练习设计中借助图形、数轴等工具来认识小数的方法同样可以"一脉相传"，让学生通过回忆或复习三年级"认识小数"（第一课时）教材来自己觅得，这样的练习可以实现学生的自主设计。

又如，我曾经听过一节"含有亿级和万级数的读写"的数学课，拖课近10分钟。课后评课时，我提醒执教教师学生前几节课学的分别是"整亿数的读写"与"含有万级和个数的读写"，由此教师只需要让学生意识到这节课的内容只是前几节课的"继续"。教师只需要创设一个把学生引向原有知识通道的情境——直接写出一个含有亿级和万级的大数让学生读，面对长长的数字，学生会自动调用之前的学习经验试读，并能够发现读数方法与以前别无二致，只是因为数大而容易出错，于是更能感受到分级线的作用。如此设计教学，无须教师多言，只需学生多试，省时省力，高质高效。

## 3. 让课"一语中的"

在一节课中，可能会有许多知识点，但这些知识点并不都是教学的重点，如果教师都要用力，那么就很容易造成教师教得累、学生学得也累。教学不必面面俱到、无微不至，教师要善于抓住教学的"牛鼻子"，把主要精力放在核心知识上，"牵一发"而"动全身"。突出主干内容即核心知识的教学，可以让学生在纵横连接的主框架下，在一以贯之的教学情境中，亲身经历自主探索、主动建构知识的过程，学会举一反三、触类旁通，逐步提高独立获取知识和解决问题的能力。因此，注重核心知识的教学设计能够使我们的课堂富有"质感"。

准确把握核心知识，及时、准确地沟通新旧知识之间的联系，可以达到事半功倍的教学效果，有利于建构高效的课堂教学。例如"三角形的认识"一课中三角形三边关系的探究，教材安排了许多长长短短的小

## 十六、"国画"对教育的启示

棒让学生围三角形，使他们在一些"围不成三角形"的反例分析中发现"三角形的两边之和大于第三边"。这样的探究活动，准备了很多材料，安排了很多关节，花费了很多时间。其实如果我们抓住了核心知识——学生之前学过的"两点之间直线距离最短"，那么据此学生就可以轻松而快速地得到"三角形的两边之和大于第三边"这一结论，并能够清楚地解释其原理。

由此可见，如果教师能够紧扣核心知识设计教学的线路，课堂的格局就会主次分明。对学生而言，只有抓住核心知识的学习，才能真正领会知识的本质，也就不会犯一些低级错误。例如，一些学生之所以对"平均行1千米需要多少升汽油"和"平均每升汽油能行多少千米"两个问题的解答产生混淆，最根本的原因是他们对"平均分"这一核心概念认识不深、理解不透。

从教材体系来看，大体有两条线索：一是有形的知识技能，这是教材中的明线；二是无形的思想方法，这是教材中的暗线。而这明线与暗线的结合点，往往就是核心知识的附着点。从知识序列来看，核心知识一般处于知识序列前端或者发生发展过程中的拐点和节点。例如，在平面图形的面积系列教学中，小学阶段所学的几种平面图形面积计算方法是有内在联系的，平行四边形的面积计算在这一知识序列中具有承上启下的作用，它将知识技能与数学思想方法完美结合，其核心地位毋庸置疑。明白这一点的教师只需要把"平行四边形的面积计算"这一节核心的"起始"课上好，后继教材"三角形的面积计算""梯形的面积计算"甚至"圆的面积计算"的学习就可以让学生继承前面的学习，把新知识转化成旧知识。从这一意义上看，前面所述的"让课'一脉相传'"也是这个道理。

美国著名教育家布鲁纳说过："任何学科的内容都可以用更为经济、富有活力的简约方法表达出来，从而使学习者易于掌握。"德国包豪斯学校的第三任校长米斯·凡德罗提倡课堂教学"在满足功能的基础上做到最大程度的简洁"。莎士比亚也说:"简洁是智慧的灵魂。"为了实现有效甚至高效的教学,我们的课堂必须剔除臃肿、过滤繁杂,凸显清晰明快、精致生动的风格,彰显简约。

然而,在我们的惯常认识中,似乎简约就是简单,只是一味地做"减法",让教学"事半"。其实,简约而不简单,相反是一种更为深刻的简明丰富,所以简约还可以做"乘法",让教学"功倍"。就拿核心知识来说吧,当我们找到核心知识之后,一种情形是可以让我们的教学变得简明,但我们还应该知道,另一种情形是可以让我们的教学变得丰富,因为原来不连接核心知识的教学采用的是简单的告知,而一旦连接了核心知识,知识的得出就变成了"有意义"的探索,这样的探索提升了教学的价值,触及了知识的灵魂,让学生的学习也变得有意义。

例如"小数的认识"(第一课时)一课,教师一般会直接告知学生小数的写法。其实,小数的产生是对整数发展到一定阶段的必要补充,它们之间意义的建构从某种程度上来说是一脉相承的。由此,如果我们能够基于数位顺序来教学小数的书写,那么将有助于学生看到知识的"真身"——与整数一样遵守"满十进一"和"位值制"的书写规则。找到了这一核心知识,我们就可以这样来设计"小数的认识"一课的教学线路——

①让学生观察整数数位顺序表,从右往左看,相邻数位"满十进一"。启发学生思考:如果把整数"1"平均分成10份(配合线段图 ├────────┤ ),那么每一份是几分之一?如果建立一个新的数
 0        1
位,你认为应该放在哪边?

②教学例1,其中"5分米"如果用"米"作单位,不满"1",抽象成线段图 ├────────┤ ,用分数表示是"$\frac{5}{10}$"。
           0        1

③教师告诉学生:"$\frac{5}{10}$"可以改写成小数,这个数不满"1",对照数位顺序表,在整数部分写"0","$\frac{5}{10}$"表示"把'1'平均分成10份,有这样的5份",所以个位右边的第一位写"5",这就是这个小数的小数部分,我们用小数点来区分这个小数的整数部分和小数部分。

如此小数写法的教学,让学生看到了问题的核心、知识的真义。与此呼应,在练习阶段,可以让教材"想想做做"第5题的数轴(如图16-7)分步出现,强化学生对小数"满十进一"的认识:第一步,先出现"0—1"一段,让学生依次找到0.1、0.2、0.3……0.9,接着满十进一为"1";第二步,延伸出"1—2"一段,让学生依次找到1.1、1.2、1.3……,接着满十进一为"2"。

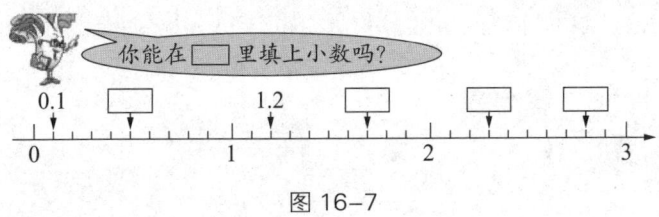

图 16-7

另外,对教材"想想做做"第3题(如图16-8),我们可以补充如图16-9的方块图,先让学生用小数表示,然后让学生思考:小数"1.1"整数部分的"1"和小数部分的"1"表示的意义相同吗?以此强化学生对小数位值制的认识——不同数位上的数字所代表的意义不同。

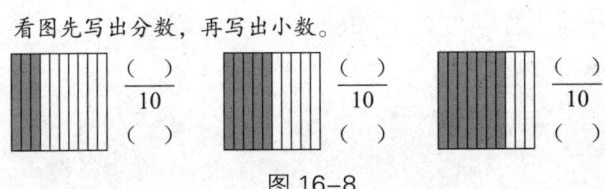

图 16-8

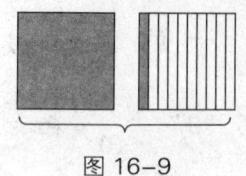

图 16-9

上述课例让我们明白，教学之"简"并不只是教学之"剪"，也可以是教学之"兼"，兼顾知识的来龙去脉，兼顾知识的本质核心，让教学更有"质感"、更有"体积"。如国画一样，我们的课堂教学不一定要"绚丽多姿"，但必须要"深刻而有内涵"。理想的课堂教学应该在教师智慧的引领下，努力从冗繁走向凝练、从单薄走向丰厚、从肤浅走向深刻。

### 喻"师"明言

在构思教学画卷时，立意要"高瞻远瞩"，教学才会更有意义；写意要"简洁凝练"，教学才会更有意蕴。

# 万千教育图书目录

| 代号 | 书目 | 著、译者 | 定价(元) |
|---|---|---|---|
| 教师专业成长系列 | | | |
| J1145 | 多元智能教与学的策略（第三版） | 霍力岩 等译 | 60.00 |
| J1264 | 童年爱上一本书——教师、父母如何伴读 | 周益民 著 | 28.00 |
| J1144 | 教师怎样提问才有效——课堂提问的艺术 | 宋 玲 译 | 45.00 |
| J1275 | 解读青春期心理密码 | 姜荣奎 著 | 36.00 |
| J1270 | 重构教师思维<br>——教师应知的28条职业常识 | 刘 祥 著 | 32.00 |
| J1233 | 塑造卓越教师<br>——教师如何避免易犯的25个严重错误 | 张 赫 徐梦杰 译 | 45.00 |
| J1250 | 中学班级心理辅导活动60例 | 杨敏毅 等著 | 35.00 |
| J1146 | 抓住学生注意力的176个课堂小活动 | 张乃柬 译 | 28.00 |
| J1227 | 小学生学习习惯培养方案 | 黄 波 著 | 35.00 |
| J1243 | 写给少先队辅导员的41条建议 | 许其龙 著 | 35.00 |
| J1236 | 教师怎样少做无用功<br>——高效能教师必备法则 | 王晓春 著 | 32.00 |
| J1240 | 半部《论语》做良师<br>——《论语》给教师的启示 | 任 民 李迎春 著 | 32.00 |
| J1213 | 教师职业生涯十大误区 | 茅卫东 著 | 27.00 |
| J809 | 教育管理学：理论与实践（第五版） | 朱志勇 等译 | 88.00 |
| J1087 | "偷师"杜威<br>——开启教育智慧的12把钥匙 | 邱 磊 主编 | 35.00 |
| J1043 | 问题班级管理策略（第二版） | 吕红日 等译 | 36.00 |
| J1077 | 让高中生学会学习 | 高慧明 著 | 30.00 |

| 编号 | 书名 | 作者 | 价格 |
|---|---|---|---|
| J1093 | 不怕学生搅局<br>——教师的教育机智修炼之道 | 李进成 著 | 29.00 |
| J1068 | 教师如何读经典 | 霍 军 著 | 34.00 |
| J1105 | 今年，我教小学一年级 | 陈兴杰 王翠丽 著 | 34.00 |
| J968 | 中小学课堂教学的30个失误 | 李冲锋 著 | 38.00 |
| J986 | 教育律师的忠告：<br>例说中小幼教师必知的75条法规 | 雷思明 等著 | 38.00 |
| J987 | 跟禅师学做教师 | 谢 云 著 | 28.00 |
| J995 | 重建师生关系 | 史金霞 著 | 42.00 |
| J921 | 做一个会"偷懒"的教师 | 常作印 编著 | 23.80 |
| J988 | 心平气和当老师 | 茅卫东 著 | 32.00 |
| J1018 | 王晓春帮你走出教育误区<br>——评说100个教师常用语 | 王晓春 著 | 32.00 |
| J960 | 教师怎样说话才有效 | 李进成 著 | 32.00 |
| J946 | 魅力男教师修炼36计 | 林华民 著 | 29.00 |
| J937 | 破解挑战教师智慧的42个问题 | 宁 杰 郑立平 著 | 36.00 |
| J940 | 一位青年教师的专业成长之路<br>——王君专业求索笔记 | 王 君 著 | 32.00 |
| J971 | 王晓春给青年教师的100条建议 | 王晓春 著 | 28.00 |
| J975 | 魅力女教师修炼记 | 张曼凌 著 | 28.00 |
| J938 | 让学生都爱学习——激发学习动机的策略 | 宋 玲 译 | 22.00 |
| J932 | 教师如何与学生沟通 | 姜荣奎 著 | 32.00 |
| J931 | 教师如何教好自己的孩子<br>——教师妈妈的育女手记 | 杨文娟 著 | 26.00 |
| J905 | 让教师偷着乐——校园幽默笑话396则 | 唐劲松 主编 | 18.00 |
| J881 | 教师兵法 | 刘坚新 编著 | 28.00 |
| J848 | 老师好好学习，孩子天天向上<br>——"麻辣教师"邓睿手记 | 邓 睿 著 | 25.00 |

| | | | |
|---|---|---|---|
| J726 | 心与心的约会——孙明霞的生命化课堂 | 孙明霞 著 | 28.00 |
| J840 | 零距离美国课堂 | 王 文 著 | 28.00 |
| J824 | 学校何以难办<br>——一个教育咨询师的哲学回答 | 郑 杰 著 | 25.00 |
| J789 | 做个充满激情的教师——教师成功之道 | 张乃柬 译 | 32.00 |
| J797 | 教师时间管理策略 | 张迪帆 译 | 22.00 |
| J723 | 教育，我有话要说<br>——一个教师对教育的深度反思 | 张迪帆 译 | 25.00 |
| J677 | 选择学习——为成功而教 | 张 娜 译 | 18.00 |
| **教师专业成长系列合计** | | | **1503.80** |
| **新教师专业成长系列** | | | |
| J1011 | 新教师应该知道的50个问题 | 陈兴杰 著 | 32.00 |
| J775 | 初为人师第一年（小学版）<br>——新教师的50个第一次 | 张彩云 主编 | 28.00 |
| J777 | 初为人师第一年（中学版）<br>——新教师的50个第一次 | 张彩云 主编 | 30.00 |
| J547 | 从教第一年——新教师职场攻略 | 赵 丽 等译 | 45.00 |
| **教师专业成长系列合计** | | | **135.00** |
| **师生心理发展指导丛书** | | | |
| J1196 | 中学生心理学 | 林崇德 著 | 60.00 |
| J947 | 青年教师的心灵成长之旅 | 刘 祥 著 | 32.00 |
| J828 | 写给教育者的积极心理学 | 任 俊 著 | 28.00 |
| J661 | 教师心理健康教育 | 刘晓明 孙文影 编著 | 26.00 |
| J663 | 教师职业倦怠预防 | 伍新春 张 军 编著 | 26.00 |
| J664 | 教师人际关系和谐 | 佐 斌 编著 | 26.00 |
| J665 | 教师健康人格促进 | 许 燕 王 芳 编著 | 28.00 |

| 编号 | 书名 | 作者 | 定价 |
|---|---|---|---|
| J667 | 学生心理健康教育 | 姚本先 伍新春 编著 | 28.00 |
| J668 | 中学生心理健康教育（心理教师用书） | 蒋 奖 编著 | 26.00 |
| J669 | 中学生心理健康教育（全体教师用书） | 郑洪利 寇平平 编著 | 21.00 |
| J670 | 小学生心理健康教育（心理教师用书） | 张 明 编著 | 26.00 |
| J671 | 小学生心理健康教育（全体教师用书） | 傅 宏 王晓萍 编著 | 24.00 |
| J510 | 教师的幸福感<br>——关注教师的身心健康及职业发展 | 闫慧敏 译 | 22.00 |
| **师生心理发展指导丛书合计** | | | **373.00** |
| **班主任专业发展丛书** | | | |
| J1201 | 德育主任新方略（《中小学德育主任工作指导手册》修订版） | 丁如许 著 | 32.00 |
| J1037 | 初中主题班会设计技巧与优秀案例 | 郑学志 主编 | 34.00 |
| J1036 | 高中主题班会设计技巧与优秀案例 | 郑学志 主编 | 32.00 |
| J1039 | 中职主题班会设计技巧与优秀案例 | 李 迪 著 | 35.00 |
| J1205 | 缔造完美教室<br>——小学班本课程的开发与实践 | 李亚敏 刘 娟 著 | 39.00 |
| J1082 | 打造小学卓越班级的38个策略 | 许丹红 著 | 30.00 |
| J1102 | 打造初中卓越班级的40个策略 | 刘令军 著 | 32.00 |
| J1101 | 打造高中卓越班级的42个策略 | 覃丽兰 著 | 38.00 |
| J1225 | 打造中职卓越班级的41个策略 | 李 迪 著 | 32.00 |
| J1178 | 小学家校沟通的艺术 | 王怀玉 著 | 35.00 |
| J1083 | 接手新班 | 郭学萍 著 | 38.00 |
| J1049 | 今天怎样爱学生——师爱的智慧与艺术 | 陈晓华 著 | 28.00 |
| J1044 | 班主任，青春万岁——王君带班之道 | 王 君 著 | 34.00 |
| J986 | 做学生最好的"心理营养师" | 梁 岗 彭玉华 著 | 35.00 |

| J967 | 班主任如何带好差班 | 赵 坡 著 | 30.00 |
|---|---|---|---|
| J917 | 班主任工作中的心理效应 | 刘儒德 主编 | 35.00 |
| J728 | 把班级还给学生<br>——班集体建设与管理的创新艺术 | 郑立平 著 | 26.00 |
| J729 | 班主任工作的55个"鬼点子" | 刘坚新 等编著 | 26.00 |
| J727 | 德育智慧源何处<br>——心灵感悟德育经典案例 | 张万祥 编著 | 25.00 |
| J732 | 魅力班会是怎样炼成的 | 杨 兵 著 | 25.00 |
| J730 | 与学生家长"过招"<br>——班主任的家长工作艺术和技巧 | 郑学志 著 | 26.00 |
| J731 | 遭遇问题学生<br>——问题学生的教育与转化技巧 | 万 玮 编著 | 25.00 |
| J926 | 中学班主任的72个临场应变技巧 | 刘令军 等著 | 34.00 |
| J914 | 全国知名青年班主任谈专业成长 | 张万祥 主编 | 34.00 |
| J909 | 小学班主任的78个临场应变技巧 | 许丹红 著 | 32.00 |
| J903 | 扶年轻班主任上马 | 王 莉 著 | 38.00 |
| J853 | 做一个会"偷懒"的班主任 | 郑学志 著 | 28.00 |
| J865 | 教师必须掌握的教育惩戒艺术 | 郑立平 等著 | 28.00 |
| J867 | 做一个聪明的班主任<br>——对常见七类学生的教育艺术 | 郑立平 等著 | 28.00 |
| J856 | 做一个魅力班主任 | 陈晓华 著 | 26.00 |
| J850 | 做一个励志型的班主任 | 黎志新 著 | 28.00 |
| J851 | 我和学生谈爱情——将爱情教育进行到底 | 李 迪 著 | 28.00 |
| J841 | 优秀少先队辅导员的八项修炼 | 谢金土 等编著 | 26.00 |
| 班主任专业发展丛书合计 | | | 1022.00 |
| **学生品性养成指导丛书** | | | |
| J1193 | 中学学校仪式设计16例 | 张硕果 主编 | 30.00 |

| 编号 | 书名 | 作者 | 定价 |
|---|---|---|---|
| J1088 | 中学德育问题与对策 | 李 季　贾高见　著 | 35.00 |
| J1190 | 小学诚信教育主题活动设计 | 陈小勤　主编 | 36.00 |
| J1207 | 小故事，大智慧（1—3年级适用） | 朱小敏　主编 | 25.00 |
| J1111 | 小故事，大智慧（4—6年级适用） | 朱小敏　主编 | 25.00 |
| J1183 | 小学"国旗下讲话"活动创新设计40例 | 杨文娟　主编 | 35.00 |
| J1112 | 有效德育三部曲 | 黄　波　编著 | 27.00 |
| J1084 | 小学生六大基础性品德培养方案 | 尹弘敏　等著 | 35.00 |
| J1058 | 小学尊重教育主题活动设计 | 曲新红　主编 | 29.00 |
| J1073 | 中学生命教育主题活动设计 | 李　军　主编 | 34.00 |
| J1079 | 没有指责和羞辱的教育<br>——小学品行教育实践 | 徐　莉　著 | 24.00 |
| J1046 | 小学生命教育主题活动设计 | 张拥军　主编 | 32.00 |
| J1059 | 小学学校仪式设计20例 | 牛心红　主编 | 32.00 |
| J1021 | 小学公德教育主题活动设计 | 陈文芳　主编 | 29.00 |
| J1006 | 小学班级特色活动设计与指导 | 王怀玉　著 | 25.00 |
| J984 | 小学责任教育主题活动设计 | 施伟峰　主编 | 32.00 |
| J1000 | 小学节日活动创意设计与组织 | 王艳芳　著 | 32.00 |
| J977 | 小学合作分享教育主题活动设计 | 杨文娟　主编 | 29.00 |
| J779 | 小学德育问题与对策 | 李　季　李　楠　著 | 28.00 |
| J962 | 小学感恩教育主题活动设计 | 朱小敏　主编 | 29.00 |
| J711 | 中小学生情商培养活动实例 | 侯英妮　译 | 28.00 |

……
欲了解更多图书信息，请登录：www.wqedu.com
联系地址：北京市朝内大街188号D座902室　万千教育（邮编：100010）
咨询电话：400-698-1619，010-65125990　传真：010-65262933
*本目录定价如有错误或变动，以实际出书为准。